CONTABILIDAD E INFLACIÓN

Diseño de tapa
Juan Pablo Olivieri

SANTIAGO C. LAZZATI

CONTABILIDAD E INFLACIÓN

Herramienta para la gestión

GRANICA

ARGENTINA - ESPAÑA - MÉXICO - CHILE - URUGUAY

© 2014 *by* Ediciones Granica S.A.

ARGENTINA
Ediciones Granica S.A.
Lavalle 1634 3º G / C1048AAN Buenos Aires, Argentina
Tel.: +54 (11) 4374-1456 Fax: +54 (11) 4373-0669
granica.ar@granicaeditor.com
atencionaempresas@granicaeditor.com

MÉXICO
Ediciones Granica México S.A. de C.V.
Valle de Bravo Nº 21 El Mirador Naucalpan Edo. de Méx.
(53050) Estado de México - México
Tel.: +52 (55) 5360-1010 Fax: +52 (55) 5360-1100
granica.mx@granicaeditor.com

URUGUAY
Ediciones Granica S.A.
Scoseria 2639 Bis
11300 Montevideo, Uruguay
Tel: +59 (82) 712 4857 / +59 (82) 712 4858
granica.uy@granicaeditor.com

CHILE
granica.cl@granicaeditor.com
Tel.: +56 2 8107455

ESPAÑA
granica.es@granicaeditor.com
Tel.: +34 (93) 635 4120

www.granicaeditor.com

Lazzati, Santiago C.
    Contabilidad e inflación : herramienta para la gestión -
1a ed. - Ciudad Autónoma de Buenos Aires : Granica, 2014.
    256 p. ; 23x17 cm.

    ISBN 978-950-641-821-2

    1. Economía. 2. Administración de Empresas. 3. Finan-
zas. I. Título
    CDD 332

AGRADECIMIENTOS

A Fermín del Valle, que con su proverbial generosidad me ayudó mucho a *ponerme las pilas* para encarar esta nueva edición del libro, tarea que no me resultó fácil. Además, fue quien revisó gran parte del texto a medida que iba elaborando los capítulos, sugiriendo modificaciones valiosas que enriquecieron la obra.

Como siempre y más que nunca, agradezco a mi familia, que me bancó y que me banca: a mi esposa Susana, que ya no está físicamente, y a mis hijos Paula, Diego y Alejandra. Paula, contadora como yo, influyó fuertemente para que volviese sobre el tema del libro.

ÍNDICE

SEGUNDA PARTE
METODOLOGÍA DEL AJUSTE

TERCERA PARTE
EFECTO DEL AJUSTE EN LOS RESULTADOS

CUARTA PARTE
RESEÑA DE LOS SISTEMAS CONTABLES BÁSICOS

PRÓLOGO

Para todos los interesados en la contabilidad es una muy buena noticia que Santiago Lazzati haya decidido publicar una nueva edición de su libro *Contabilidad e inflación.*

Con su primera versión en 1967, Lazzati fue un verdadero precursor en el esclarecimiento y la difusión de este tema. Han transcurrido cuarenta y siete años desde aquel primer aporte fundamental. A lo largo de este tiempo, y acompañando las vicisitudes de la economía de nuestro país, los contadores argentinos nos hemos convertido en expertos mundiales en la cuestión, nos hemos olvidado temporariamente del asunto y hemos vuelto más de una vez a pensar en los desafíos que la inflación les plantea a la contabilidad y a los informes que esta disciplina produce.

Este aprendizaje, fruto de la experiencia, no fue acompañado por la profesión en otros países donde la inflación ha sido menos significativa y persistente.

La moneda es un elemento esencial para la contabilidad. Es la que permite expresar en términos de un denominador común los distintos componentes de los estados contables. Resulta por demás básico que, para poder cumplir con su función de denominador común, esa medida que es la moneda debería mantener constante su valor. Sin embargo, esto que parece obvio no siempre es visto con claridad por todos. Especialmente no es considerado en aquellos países donde los niveles de inflación son relativamente bajos. Tal vez sea necesario experimentar la crudeza de una hiperinflación o de una inflación muy significativa para tomar real conciencia del efecto que tiene en el poder adquisitivo de la moneda y, por lo tanto, en la capacidad de ésta para ser utilizada como unidad de medida por la contabilidad. El hecho de que las normas internacionales de información financiera todavía tengan como pauta para disparar un ajuste una inflación acumulada del 100% en tres años, es un ejemplo de la falta de captación del problema.

Se podrá discutir cuál debería ser el nivel de inflación que lo active, pero lo cierto es que la contabilidad debe contar con un mecanismo eficaz para ajustar la unidad de medida utilizada para la preparación de los informes contables cuando se produce dicha inflación. El mecanismo de ajuste por inflación debe estar disponible para la contabilidad. Al igual que un seguro, es necesario tenerlo, aunque lo ideal sea no tener que usarlo.

En esta nueva edición de su libro, Santiago Lazzati nos beneficia con todo el conocimiento y la experiencia que ha ido acumulando sobre este tema a lo largo de su carrera profesional. Esa comprensión y ese dominio de la cuestión también se manifiestan en la claridad y en lo concreto de la exposición de los distintos temas, así como también en la meditada secuencia con que las distintas cuestiones son tratadas. Es un libro pedagógico por excelencia. Con un lenguaje simple y directo, con un especial respeto por la lógica, con gráficos que ayudan a clarificar lo expresado en el texto y con un buen número de ejemplos y casos prácticos. Todo en él está orientado a facilitar la comprensión y el aprendizaje.

Constituye por lo tanto un libro ideal tanto para aquellos que quieren introducirse en el tema de la contabilidad en contextos inflacionarios y en la cuestión del mecanismo del ajuste, como para quienes quieren actualizarse en esos temas. De manera amena y respetando el tiempo del lector con la permanente búsqueda de la concisión, el libro recorre todos los conceptos vinculados con el impacto de la inflación en la información contable y la manera de tratarla. Incluye también interesantes desarrollos, fruto de la experiencia del autor, que procuran simplificar y facilitar el análisis de los efectos que la inflación produce en el patrimonio y en los resultados de las organizaciones y las personas.

La sencillez del lenguaje y lo concreto del desarrollo de ninguna manera implican falta de profundidad. Por el contrario, todo lo esencial es tratado con rigurosidad. Además, como es habitual en los libros de Santiago Lazzati, éste también procura abordar los distintos asuntos con un enfoque original, innovador en lo que se pueda, con énfasis en lo conceptual y respaldo en ejemplos prácticos.

Como la primera versión, ésta también está llamada a ser una obra fundamental sobre el tema.

Será de mucha utilidad para el estudio de esta cuestión en las universidades, no solo en nuestro país, sino en todos aquellos en los que exista conciencia de la importancia de incorporar este tema en la educación de los contadores.

Asimismo, será de mucha utilidad para los profesionales que necesiten calcular los efectos de la inflación en la información contable que deben preparar o analizar, cuando esto resulte necesario.

Finalmente, seguramente será también un documento relevante a consultar el día en que por fin se decida introducir en las normas internacionales de información financiera las necesarias mejoras en el tratamiento de esta cuestión.

FERMÍN DEL VALLE
Julio de 2014

MIS MOTIVOS

Este libro tiene una larga historia, vinculada con mi trayectoria profesional.

En 1956, siendo estudiante de la carrera de Contador Público, empecé a trabajar en la profesión; o sea, hace casi 60 años. En la primera mitad de este período me dediqué principalmente a una función típica del contador: la auditoría contable. Durante toda esa época y en los años siguientes nuestro país sufrió una fuerte inflación, en ciertos años más y en otros años menos. El ajuste por inflación de los estados contables era un elemento fundamental de la teoría y la práctica contables.

En dicho entorno publiqué tres ediciones del libro *Contabilidad e inflación*: en 1967, 1978 y 1985; las dos últimas con la Editorial Macchi, contando con el gran apoyo de Raúl Macchi, de quien mantengo un cariñoso recuerdo y por el que siento un merecido agradecimiento. De cada una de las tres ediciones se hicieron múltiples reimpresiones. El libro gozó de muy buena aceptación, tanto en el ambiente profesional como en el universitario.

A partir de 1978 comencé a dedicarme a temas de management y comportamiento humano, pero aun durante la década del '80 mantuve mis actividades anteriores, aunque cada vez menos. A principios de la década del '90, cuando ya estaba concentrado plenamente en mi nueva vocación, en la Argentina se detuvo la inflación. Obviamente, el libro perdió su utilidad por completo, efecto absolutamente irrelevante en comparación con el beneficio de gozar la estabilidad monetaria.

Al inicio de 2002 sufrimos un rebrote del flagelo y entonces se volvió al ajuste por inflación. Recuerdo que, a pesar de "estar en otra cosa", volví a incursionar en el tema con actividades de capacitación y consultoría. Sin embargo, antes de finalizar el mismo año, se logró parar la inflación y consecuentemente se suspendió dicho ajuste.

Pero en los últimos años retornó la inflación y, lo que es peor, a tasas gradualmente crecientes. Por lo tanto, el tema del ajuste por inflación sale nuevamente a la palestra. En estas circunstancias surgió la tentación de reeditar el libro. Dado que actualmente estoy bastante alejado de la problemática contable, en un principio no me sentí inclinado a ocuparme de la nueva edición. Mas luego, gracias a la influencia de ciertos amigos, especialmente Fermín del Valle (a quien cito en mis agradecimientos, y que además ha escrito el prólogo de esta edición), decidí poner "manos a la obra". Me ayudó también el hecho de que la técnica del ajuste prácticamente no cambió.

En la consideración del ajuste por inflación corresponde tener en cuenta tres aplicaciones distintas: el cálculo del impuesto a las ganancias, la presentación de los estados contables de publicación y sus consecuencias legales, y el suministro de información para la gestión. En cuanto a la primera aplicación, es casi imposible, al menos en el corto plazo, que se reconozca el ajuste, porque el Estado no está en condiciones de absorber la reducción de la recaudación fiscal que ello significaría; lamentablemente, el rol del ajuste se limita a poner de relieve el carácter confiscatorio del impuesto. Con relación a la segunda aplicación, todo depende de la modificación de las normas legales y profesionales pertinentes, cuestión que trasciende el objetivo del libro. En donde vislumbro una oportunidad inmediata es en la tercera aplicación: la contabilidad para la gestión. En efecto, hoy en día se hacen múltiples análisis de rentabilidad, se practica el control presupuestario, se utilizan indicadores de desempeño, se evalúa la *performance* del personal, se establecen parámetros de remuneración variable, etc., *todo ello en base a cifras erróneas*, fruto de la contabilidad en moneda nominal. Me parece que en este campo el ajuste por inflación representaría una mejora sustantiva.

Sinceramente, habría preferido que no volviese la inflación, con lo cual no hubiese tenido sentido reeditar el presente libro. Por otra parte, debido a mis ocupaciones actuales, no me ha sido fácil la tarea. Pero, en fin, aquí llegamos. Espero que la obra sea útil para el lector.

Santiago Lazzati
Julio de 2014

LOS CAMBIOS EN LOS PRECIOS Y LA INFLACIÓN

En general, cuando se hace referencia a los cambios en los precios se piensa en su aumento y no en su disminución, debido a que normalmente ocurre más lo primero que lo segundo. A su vez, cuando el incremento en el precio de los bienes y servicios es generalizado, sostenido y significativo, se entiende que existe inflación, fenómeno que se observa en algunos países, entre ellos la Argentina.

Ahora bien, con la expresión "cambios en los precios" se suele comprender dos conceptos diferentes: el cambio en el nivel general de precios y el cambio en el precio específico de ciertos bienes y servicios. Un índice del nivel general de precios resulta del promedio ponderado de los precios de muchos bienes y servicios. Sin embargo, el concepto de nivel general de precios es claramente distinto de cualquier precio específico individualmente considerado: éste refleja el valor de determinado bien o servicio, o de cierto conjunto de bienes o servicios; aquél representa el poder adquisitivo de la moneda, como contrapartida general del precio de los bienes y servicios que pueden adquirirse con ella.

Para un país determinado, la tasa de inflación se calcula habitualmente en función del índice del nivel general de precios, el cual –como dijimos en el párrafo anterior– se refiere a la variación en el poder adquisitivo de la moneda. Por consiguiente, utilizamos la palabra "inflación" como sinónimo de "incremento en el nivel general de precios" o "pérdida del poder adquisitivo de la moneda", en tanto el incremento reúna las características indicadas al principio: que sea generalizado, sostenido y significativo. En cambio, el aumento o la disminución en el precio específico de un bien o servicio o de cierto grupo de bienes y servicios, individualmente considerados, implica un concepto distinto.

El propósito de este libro

En esta obra no nos proponemos efectuar un examen macroeconómico de la inflación, examen que nos llevaría a la determinación de los elementos causales, a la valoración de los efectos resultantes y a la consideración de las medidas que tenderían a eliminar o, por lo menos, a mitigar el proceso. Tampoco procuramos analizar la problemática de la gestión de la empresa de cara a la inflación. Solo pretendemos estudiar la situación de la contabilidad frente a este fenómeno, admitiéndolo como un acontecimiento que debe expresarse en los estados contables en tanto afecte su contenido, favoreciendo o no a la empresa, con el propósito de que dichos estados cumplan debidamente con sus objetivos.

Desarrollo del libro

Hemos estructurado el texto en cuatro partes:

> ➤ La primera trata los *conceptos fundamentales.*
> ➤ La segunda desarrolla la *metodología del ajuste por inflación.*
> ➤ La tercera resume el *efecto del ajuste en los resultados.*
> ➤ La cuarta analiza las *cuestiones contables claves,* lo cual brinda un marco para ubicar debidamente el ajuste por inflación, así como también visualizar su relación con las demás cuestiones.

La primera parte comprende los primeros cinco capítulos.

El Capítulo 1, "Los estados contables y los cambios en los precios", diferencia dos cuestiones fundamentales de medición: el criterio de medición y la unidad de medida. Con respecto a la segunda cuestión observa que la moneda nominal es efectiva siempre y cuando exista estabilidad monetaria; pero si media inflación significativa es necesario emplear una moneda homogénea en lugar de la moneda nominal. En esto consiste el ajuste por inflación.

El Capítulo 2, "El problema de la unidad de medida", resalta las distorsiones que en épocas de inflación provoca el empleo de la moneda nominal como unidad de medida, tanto en la presentación de la situación patrimonial como en la determinación de los resultados del ejercicio. Y culmina proponiendo el ajuste por inflación como solución integral al problema, ajuste que implica la conversión a moneda homogénea de las cifras de los estados contables.

El Capítulo 3, "Conversión a moneda homogénea", explica el mecanismo de conversión que consiste en multiplicar las partidas expresadas en moneda nominal por coeficientes basados en un índice del nivel general de precios, aplicables en función de la antigüedad de las partidas. En este capítulo se establecen los conceptos de "moneda original", "moneda de cuenta", "moneda actual" y "moneda de cierre".

El Capítulo 4, "Comportamiento de activos y pasivos frente a los cambios en los precios", hace la distinción entre rubros monetarios y rubros no monetarios, y dentro de los primeros diferencia las cuentas en moneda del país de las cuentas en moneda extranjera. Sobre esta base analiza los resultados que produce cada uno de dichos tipos de cuentas: por un lado en moneda nominal (no se contempla el efecto de la inflación) y por otro lado en moneda homogénea (sí se contempla dicho efecto). Este capítulo sirve de marco conceptual para el capítulo siguiente.

El Capítulo 5, "Ajuste de los estados contables. Aspectos fundamentales", avanza sobre el procedimiento de ajuste en términos de moneda de cierre, que hace las veces de moneda actual a la fecha de los estados contables:

➢ Los activos y pasivos monetarios no se ajustan, pero originan resultados monetarios. En el capítulo se explica el funcionamiento del estado de cambios en la posición monetaria que sirve para determinar el resultado monetario.
➢ Los activos y pasivos no monetarios medidos a valor corriente tampoco se ajustan, pero corresponde recalcular el resultado por tenencia en moneda homogénea que ellos originan.
➢ Los activos medidos al costo histórico se ajustan, pero están sujetos a la norma del "costo (ajustado) o mercado, el menor". Cabe destacar que tal ajuste juega más tarde como pérdida cuando el activo fluye a resultados como costo de ventas, depreciación, etc.
➢ El capital, los resultados acumulados y los resultados del ejercicio se ajustan.

El Capítulo 5 trata también la conversión a moneda posterior de los estados contables a los fines de su comparación con estados ajustados de una fecha posterior.

La segunda parte, que desarrolla la metodología del ajuste, comprende los capítulos 6 a 10.

El Capítulo 6, "Caso integral", intenta brindar una visión panorámica del proceso, sin entrar en aspectos especiales que son abordados en capítulos siguientes. El caso introduce los estados contables en moneda nominal objeto de ajuste y cierta información adicional para realizar la tarea (coeficientes aplicables, anticuación de las partidas, etc.). A partir de este *input* va exponiendo las etapas del proceso, que comienza con el ajuste del balance inicial, pasa por las operaciones del ejercicio y culmina con los estados ajustados al cierre. Incluye el estado de cambios en la posición monetaria y ciertos controles y análisis finales.

En el Capítulo 7 se llega a la determinación del resultado monetario neto. Entonces, el Capítulo 7, "Tratamiento de los resultados monetarios", encara el análisis y la imputación de dicho resultado, lo cual lleva a su apertura y distribución contra los respectivos resultados nominales (intereses, diferencias de cambio, etc.), poniendo de manifiesto los resultados financieros reales, netos del efecto de la inflación. Se agrega a este capítulo un Apéndice, "Cuestiones inherentes al tratamiento de los resultados financieros", que va más allá de los resultados monetarios, pero que trata temas relacionados con el capítulo.

El Capítulo 8, "Ajuste de los rubros no monetarios . Aspectos especiales", examina cuestiones no tratadas en capítulos anteriores correspondientes a los créditos y pasivos en especie, los inventarios, las inversiones, el activo fijo, los activos intangibles y las cuentas que componen el patrimonio neto.

Vale decir que los capítulos 7 y 8 completan el caso integral traído en el capítulo 6, profundizando por un lado (el capítulo 7) los resultados monetarios, efecto de los activos y pasivos monetarios, y por otro lado (el capítulo 8) ciertos aspectos especiales de los rubros no monetarios.

El Capítulo 9, "Estado de flujo de efectivo ajustado", muestra cómo se elabora dicho estado a partir de las variaciones entre los saldos patrimoniales iniciales y finales, y del análisis ulterior de ciertas variaciones; de la misma manera que se procede con las cifras en moneda nominal. La única diferencia sustancial es que se trabaja con saldos iniciales y finales, ambos ajustados a moneda de cierre, en lugar de saldos en moneda nominal. A título de ejemplo, se utiliza el caso considerado en el capítulo 6.

El Capítulo 10, "Ajuste mensual", demuestra que, una vez realizado el primer ajuste de los estados contables, se simplifica la tarea de los ajustes siguientes, especialmente si se aplica el ajuste mensual. Veamos por qué. Los saldos al cierre de un mes se componen de los saldos al inicio del mes más las operaciones del mes. Respecto de los primeros corresponde multiplicar todos los saldos por un mismo coeficiente representativo de la inflación del mes; en cuanto a los activos y pasivos monetarios, esto determina directamente los resultados monetarios del mes. A su vez, dentro de las operaciones del mes, la mayoría no se ajusta (las denominadas "operaciones monetarias"), porque por convención el índice del mes se considera también el índice al cierre del mes, salvo hiperinflación. De esta manera se facilita mucho el ajuste. También aquí, a título de ejemplo, se utiliza el caso considerado en el capítulo 6, agregando el movimiento del mes siguiente al cierre de los estados contables ajustados en ese capítulo.

La tercera parte, que resume el impacto del ajuste en los resultados, comprende los capítulos 11 y 12.

El Capítulo 11, "Efecto del ajuste sobre el resultado neto del ejercicio", analiza el ajuste de cada una de las cuentas de resultados con miras a su efecto final en el resultado neto del ejercicio. Concluye que muchos de los ajustes matemáticamente se compensan entre sí, de manera que no alteran el neto; y que del resto de los ajustes algunos son de cálculo simple y otros suelen ser de cálculo más complicado. Además, de este resto explora cuáles tienden a ser significativos y cuáles no. Sobre esta base propone un método simplificado para estimar el efecto del ajuste sobre el resultado neto del ejercicio.

El Capítulo 12, "Efecto final del ajuste sobre el capital invertido y los resultados", proyecta las consecuencias del ajuste más allá del corte entre ejercicios. Parte de una ecuación básica: el capital invertido iguala a la suma algebraica de los activos y pasivos, que comprende el activo o pasivo neto no ajustable más los activos ajustables. Señala que el ajuste consiste en una sucesión de aplicaciones de la tasa de inflación sobre los términos de dicha ecuación; y que su efecto sobre los activos y pasivos tiende, tarde o temprano, a fluir al estado de resultados, en forma inmediata en el caso del activo o pasivo neto no ajustable (principalmente el resultado monetario) y en forma diferida en el caso de los activos no monetarios (costo de ventas, depreciación, etc.). Por lo tanto, a la larga, el ajuste del resultado neto se aproxima al efecto de la tasa de inflación sobre el capital invertido.

La cuarta parte, que encara las cuestiones contables claves, comprende los capítulos 13 a 15.

El Capítulo 13, "Reseña de los sistemas contables básicos", plantea tres cuestiones: la unidad de medida, el criterio de medición de activos y pasivos, y el criterio de medición de capital invertido; e identifica las alternativas fundamentales que implica cada cuestión. Con este marco ubica al ajuste por inflación en el campo de la primera cuestión, concerniente a la unidad de medida, y se pronuncia en favor de la moneda homogénea en lugar de la moneda nominal en épocas de inflación. Con relación a la segunda cuestión, destaca la alternativa en la medición de los activos no monetarios: al costo histórico o al valor corriente. La tercera cuestión entraña la alternativa entre dos conceptos distintos de mantenimiento del capital: el financiero y el físico. El capítulo presenta un examen comparativo de los diferentes sistemas contables que surgen de las combinaciones de respuestas que se den a dichas cuestiones. Si bien el ajuste por inflación es inherente solo a la primera cuestión, las tres cuestiones están relacionadas entre sí, y el conocimiento de las otras dos contribuye al enfoque adecuado de los problemas que plantea la aplicación del ajuste por inflación.

El Capítulo 14, "Criterio de medición de los activos no monetarios", examina los pros y los contras del valor corriente y del costo histórico. Como conclusión general se inclina a favor del primero para los inventarios y ciertas inversiones, pero prefiere el segundo para el activo fijo y los activos intangibles. Claro está que caben excepciones a estos criterios generales. Esta posición es coherente en función de las condiciones que debe satisfacer la información contable, las cuales tienen distintas connotaciones según el tipo de activo de que se trate.

El Capítulo 15, "Concepto de mantenimiento de capital", analiza las implicancias de los dos conceptos que se postulan: el financiero y el físico. A resultas del análisis sostiene que el concepto de mantenimiento del capital financiero es claramente más adecuado que el de mantenimiento del capital físico.

PRIMERA PARTE

CONCEPTOS FUNDAMENTALES

CAPÍTULO 1

LOS ESTADOS CONTABLES Y LOS CAMBIOS EN LOS PRECIOS

Contenido de los estados contables

Los estados contables constituyen el producto fundamental de la contabilidad. Un estado contable puede reflejar básicamente:

A) Los elementos que componen el patrimonio del ente a una fecha dada (enfoque estático).

B) Los factores que motivaron la evolución del patrimonio del ente durante un espacio de tiempo (enfoque dinámico).

Expresión típica de A es el denominado "balance general" o "estado de situación patrimonial". Expresión típica de B es el denominado "estado (o cuadro) de resultados" o de "ganancias y pérdidas".

El balance general refleja una doble faceta del patrimonio neto:

1) Los activos y pasivos que lo componen.

2) Su origen, que puede ser capital aportado o resultados acumulados.

La primera faceta la podemos representar de la siguiente forma:

$$PN = A - P$$

En donde:
PN: patrimonio neto
A: activos
P: pasivos

También se usa la expresión "activos netos" cuando se enfoca la suma algebraica de los activos y pasivos que determinan el patrimonio neto (y no las cuentas que le dan origen). Este enfoque se puede sintetizar como sigue:

$$AN=A-P$$

En donde:
AN: activos netos

Entendemos por activo un recurso controlado por la entidad como resultado de hechos pasados y del cual se esperan beneficios económicos futuros, y por pasivo la obligación presente de entregar recursos que representan beneficios económicos. En general, la contabilidad solo reconoce aquellos activos y pasivos susceptibles de medirse con un cierto grado de objetividad y respecto de los cuales es probable que los beneficios económicos futuros se reciban o que los recursos se entreguen para cancelar las obligaciones presentes.

En cuanto a la segunda faceta, referente al origen del patrimonio neto, la podemos representar así:

$$PN=CA+RA$$

En donde:
CA: capital aportado
RA: resultados acumulados

A su vez, los resultados acumulados se descomponen en resultados provenientes de períodos anteriores, o sea los resultados acumulados al inicio del período (netos, claro está, de su distribución), y los resultados del período:

$$RA=RAA+RP$$

En donde:
RAA: resultados acumulados de períodos anteriores
RP: resultados del período

Desde el punto de vista económico y con referencia a un espacio de tiempo dado, puede utilizarse la expresión "capital invertido" para significar no solo el capital aportado, sino también los resultados acumulados al inicio del período, por cuanto económicamente estos resultados acumulados equivalen a una inversión de capital. Vale decir:

$$CI=CA+RAA$$

En donde:
CI: capital invertido

Por lo tanto, al cabo de un período determinado el patrimonio neto es igual al capital invertido, según la definición indicada, más el resultado del período. O sea:

$$PN=CI+RP$$

Pasando términos tenemos:

$$RP=PN-CI$$

Pero, conforme señalamos más arriba:

$$PN=A-P$$

Por lo tanto:

$$RP=(A-P)-CI$$

En definitiva, el resultado del período es igual a la diferencia entre los activos netos al final del período y el capital invertido. Los resultados del período se analizan en el estado de resultados. De una forma u otra, los resultados implican cambios en el valor de los activos netos. Tales cambios pueden deberse a que los activos o pasivos:

➢ cambian su propio valor; o bien
➢ generan activos o pasivos adicionales que llamamos "devengamientos" (como intereses, alquileres, dividendos, etc.).

Los cambios de valor se exteriorizan porque:

➢ Los activos (y eventualmente los pasivos) se intercambian por otros a través de transacciones con terceros (ventas, permutas, etc.). Aquí podemos decir que se da la "realización" de dichos activos.
➢ Los activos o pasivos se transforman, consumen o deterioran a través del proceso operativo o por otras circunstancias.
➢ Los activos o pasivos se conservan, pero cambia su precio en el mercado. A estos cambios los llamamos "resultados por tenencia".

Aunque parezca redundante, es importante destacar entonces que las cuentas del estado de resultados versan sobre activos y pasivos. Por ejemplo:

➢ Las cuentas de ventas representan el valor de nuevos activos ingresados por transacciones con terceros; en tanto que las cuentas de costo de ventas reflejan el valor asignado previamente a los activos cedidos en dichas transacciones.
➢ Las cuentas de gastos generales de administración y comercialización constituyen activos netos consumidos para lograr otros bienes y servicios.
➢ Las cuentas de ganancias por revaluación (como las ganancias de cambio) o pérdidas por devaluación (como las pérdidas por inventarios obsoletos) constituyen resultados por tenencia de activos y pasivos.
➢ Las cuentas de resultados financieros no son otra cosa que devengamientos positivos y negativos ocasionados por activos y pasivos que podríamos denominar financieros; asimismo, las cuentas de ingresos por dividendos, alquileres, etc. representan devengamientos de cierto tipo de activos o inversiones.

Problemática fundamental de los estados contables

La elaboración de los estados contables plantea una doble problemática:

➢ La definición de su forma y contenido, que atañe al ordenamiento, extensión, etc. de sus elementos componentes.
➢ La asignación de valores a dichos elementos componentes.

A la segunda problemática la denominamos "medición". En ella se combinan dos aspectos diferentes: uno versa sobre el criterio de medición y el otro sobre la unidad de medida con que se expresa el valor.

Para ilustrar en qué consiste el criterio de medición tomemos un ejemplo, el del activo fijo: puede medirse al costo de adquisición o al costo de reposición. En la sección siguiente avanzaremos sobre este criterio.

En lo concerniente a la unidad de medida se descuenta que tiene que ser una moneda determinada. Cabe aclarar que la elección de la moneda aplicable puede afectar los resultados de la medición, porque éstos varían en función de los cambios en la cotización de la propia moneda elegida. Por ejemplo, si se invirtieron 100 unidades de una moneda A o una moneda B cuando el tipo de cambio indicaba 1 A = 1 B, y más tarde la inversión se transformó en 180 B en efectivo, pero el tipo de cambio evolucionó a 1 A = 1,20 B, el resultado depende de la unidad de medida elegida:

➤ Medido en A sería 50 A, que surgen de 150 A (180 B ÷ 1,20 menos 100 A); o sea una ganancia de 50%.
➤ Medido en B sería 80 B, que surgen de 180 B menos 100 B; o sea una ganancia de 80%.

La moneda elegida actúa como plataforma en la medición del resultado: cuanto más fuerte, más exigente; cuanto más débil, más insuficiente. Un supuesto incremento de riqueza medido en moneda débil puede significar una pérdida medida en moneda fuerte. En el ejemplo de la inversión de 100 A o 100 B planteado en el párrafo anterior, si B sufrió una gran devaluación (digamos que evolucionó a 1 A = 3 B), el resultado sería:

➤ Medido en A, una pérdida de 40 A, correspondiente a 100 A menos 60 A (180 B ÷ 3).
➤ Medido en B, una ganancia de 80 B, correspondiente a 180 B menos 100 B.

Elegida la moneda de un país, su valor nominal habrá de constituir una unidad de medida apropiada, en tanto mantenga su poder adquisitivo. Sin embargo, si la moneda elegida pierde poder adquisitivo en términos significativos, o sea que media inflación, la moneda nominal es inapropiada como unidad de medida. Entonces se plantea la alternativa de recurrir a un concepto de moneda homogénea, lo cual da lugar al ajuste por inflación.

En comparación con las alternativas de emplear monedas de distintos países, la aplicación de una moneda homogénea equivale a emplear una moneda fuerte, en lugar de la moneda nominal que en épocas de inflación representa una moneda débil.

Ahora bien, los cambios en los precios específicos atañen a las alternativas acerca de los criterios de medición. En tanto, los cambios en el nivel general de precios –o sea, las variaciones en el poder adquisitivo de la moneda– hacen a la cuestión referente a la unidad de medida; ambos aspectos no deben mezclarse. Claro está que, por ejemplo, el cómputo del incremento en el índice de nivel general de precios respecto del costo original de un bien puede dar una idea de su valor actual, pero eso será así siempre y cuando dicho incremento sea similar al del aumento en el precio específico del bien; esta posible coincidencia no atenta contra la diferenciación conceptual indicada.

Lo antedicho puede resumirse gráficamente en la siguiente forma:

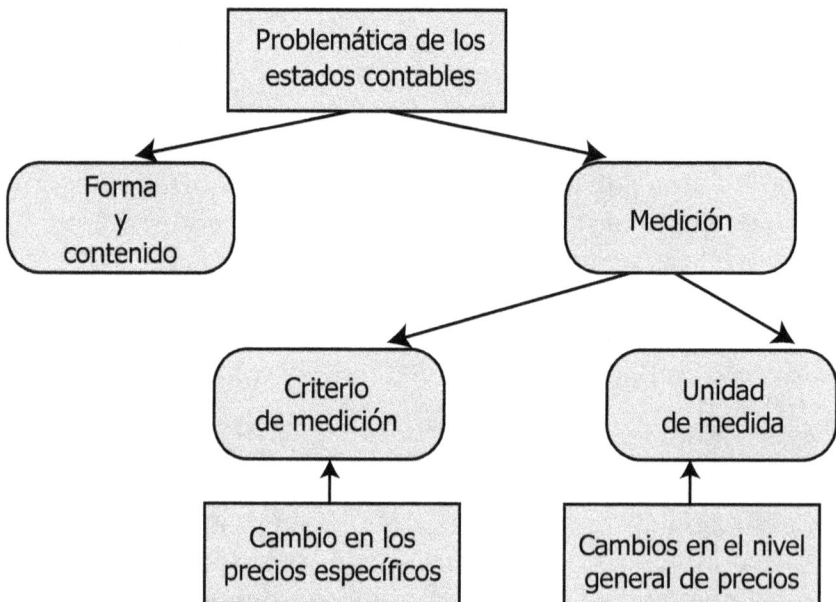

El criterio de medición

El criterio de medición implica a su vez dos grandes cuestiones:

- ➤ Cómo valuar los activos y pasivos.
- ➤ Cómo medir el capital invertido en un momento posterior a la inversión.

En cuanto a la primera cuestión, la alternativa fundamental es emplear un valor de hoy o "corriente", o bien un valor de ayer o "histórico". En ciertos textos se emplea la expresión "valor razonable" (traducción de *fair value* en inglés) para significar un valor de hoy. Nosotros consideramos que la expresión "valor corriente" es más gráfica. Además, no nos gusta limitar la palabra "razonable" al valor de hoy, por cuanto si se opta por un valor histórico, lo cual se hace en muchos casos, *a contrario sensu* ello significaría que no es razonable, y no suena bien calificar así al criterio elegido, supuestamente el más adecuado en la situación.

Con respecto a la segunda cuestión, la alternativa radica en la elección del concepto de mantenimiento del capital: el financiero o el físico.

En el Capítulo 13 volveremos sobre ambas cuestiones, y en los capítulos 14 y 15 profundizaremos su análisis, respectivamente.

El ajuste por inflación

Cuando existe inflación pero los estados contables utilizan la moneda nominal como unidad de medida, el ajuste por inflación *per se* solo pretende superar la distorsión que provoca la pérdida de poder adquisitivo de la moneda, y lo hace respetando los criterios de medición que correspondan según las normas contables aplicables. Vale decir que el ajuste por inflación es inherente a la segunda cuestión acerca de la unidad de medida, pero no afecta la primera cuestión concerniente al criterio de medición.

En el próximo capítulo ilustraremos la distorsión producida por la inflación y plantearemos la necesidad de aplicar una unidad de medida homogénea. En los capítulos subsiguientes trataremos primero el empleo de coeficientes de ajuste basados en un índice del nivel general de precios a fin de convertir todas las partidas a moneda homogénea, y luego avanzaremos sobre la técnica del ajuste.

CAPÍTULO 2

EL PROBLEMA DE LA UNIDAD DE MEDIDA

La distorsión fundamental de la contabilidad en moneda nominal

Conforme sostuvimos en el capítulo precedente, si la moneda pierde poder adquisitivo en términos significativos, o sea que media inflación, la moneda nominal es inapropiada como unidad de medida. Los activos, pasivos, ingresos y gastos se expresan sin tomar en cuenta las fluctuaciones ocurridas en el nivel general de precios. En consecuencia, los estados contables contienen partidas medidas en dinero de muy diverso poder adquisitivo, aplicándose un presunto denominador común que, en realidad, carece de las condiciones de tal.

La omisión de considerar la pérdida en el poder adquisitivo de la moneda afecta gravemente la homogeneidad de los estados contables, perjudicando la comparación de datos dentro de un mismo estado, entre los estados de una empresa a distinta fecha, o entre estados de diversas empresas. Y, lo que es peor, el perjuicio no se circunscribe al terreno de las comparaciones: existen cifras que en sí mismas están distorsionadas, porque resultan de la suma algebraica de partidas no homogéneas. Para una mejor ilustración de este aserto, a continuación recurriremos a algunos ejemplos sencillos.

Ejemplo Nº 1
Comparación de estados contables a distinta fecha

Imaginemos que estamos comparando los estados contables de una empresa a fin de 20X1 y 20X2, y observamos los siguientes saldos de Caja y Bancos:

	$
Al 31 de diciembre de 20X1	1.000
Al 31 de diciembre de 20X2	1.200

De las cifras en sí podríamos colegir que a fin de 20X2 existen más disponibilidades que a fines de 20X1. Sin embargo, si la inflación durante 20X2 fue de 30% es evidente que con $ 1.200 al 31 de diciembre de 20X2 se pueden comprar menos cosas que con $ 1.000 al 31 de diciembre de 20X1. No obstante, la contabilidad en moneda nominal sigue comparando pesos de ayer con pesos de hoy –o sea, medidas que no son comparables–, y la conversión a términos homogéneos hay que hacerla mental o extra-contablemente. Cabe preguntarse cuál es la validez de una información supuestamente satisfactoria que carece de un proceso tan importante como el de convertir las cifras a una unidad de medida homogénea. Las tristes implicancias del ejemplo considerado son extensibles a cualquier acto de comparación entre estados a distinta fecha basados en la contabilidad en moneda nominal.

Ejemplo Nº 2
Comportamiento de costos e ingresos y determinación del resultado

Tomamos ahora el caso de la venta de un producto, y supongamos el resultado siguiente, según la contabilidad de la moneda nominal:

	$	$
Precio de venta		100
Costo del producto vendido:		
Depreciación del activo fijo empleado	10	
Materia prima consumida	20	
Mano de obra y otros gastos de fabricación	30	60
Utilidad bruta		40

Para simplificar, demos por sentado que todas las operaciones se hicieron al contado. Los $ 40 de utilidad bruta determinados según la contabilidad en moneda nominal resultan de la suma algebraica de pesos de distintas épocas o momentos. En efecto, la depreciación no es otra cosa que la porción consumida de un activo fijo adquirido quizás hace bastante tiempo, digamos en un momento primero; la materia prima probablemente fue adquirida en un momento segundo, manteniéndose en stock hasta su empleo para fabricar el producto; los gastos habrán sido incurridos luego, en un momento tercero, con motivo de la fabricación; y por último el producto se vendió en un cuarto momento, en el cual determinamos el resultado. Esto lo podemos representar gráficamente de la siguiente manera:

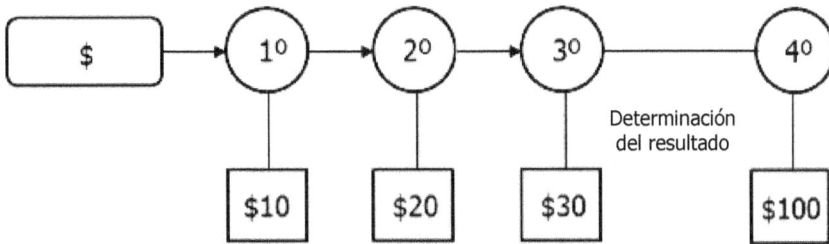

La contabilidad determina el resultado sumando algebraicamente los pesos. Sin embargo, si ha mediado inflación, esto equivale sencillamente a sumar peras y manzanas, porque los pesos de la depreciación valían más que los de la materia prima, y éstos más que los de los gastos, y así sucesivamente.

Supongamos que el incremento en el nivel general de precios entre los respectivos momentos fue el que indica el cuadro siguiente:

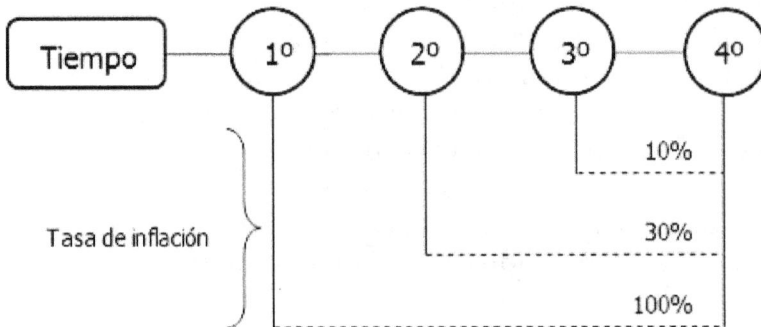

Una cosa que podríamos hacer para aplicar una unidad de medida homogénea es convertir todos los pesos en cuestión a pesos equivalentes de un mismo poder adquisitivo. Esto se logra multiplicando los respectivos importes por coeficientes representativos del incremento en el nivel general de precios, para expresar todo en términos de pesos de poder adquisitivo del momento de la medición, a saber:

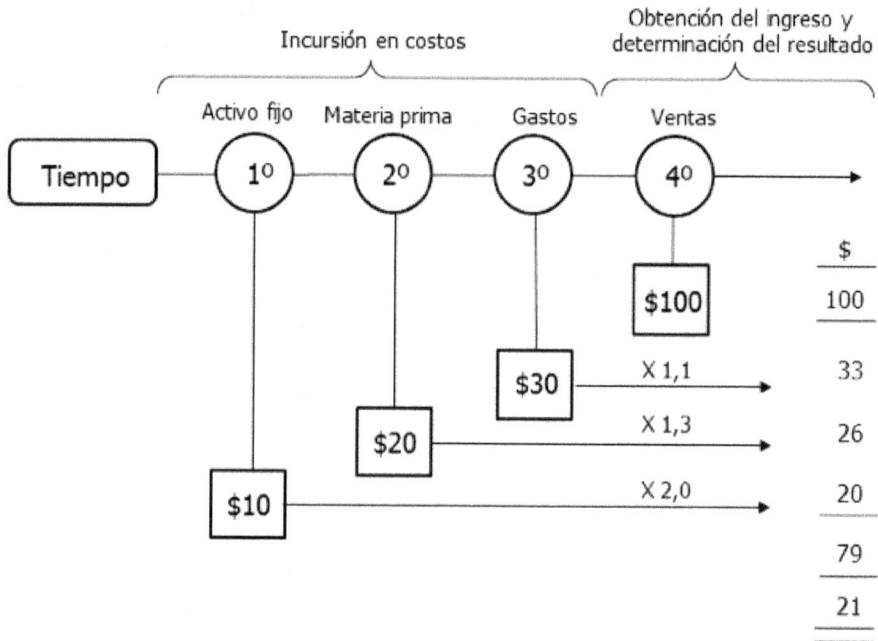

Como podemos observar, el margen bruto sobre ventas es de 21% y no de 40%. Desgraciadamente, la crítica que entraña este ejemplo sencillo es extrapolable a muchos estados de resultados que se publican utilizando la moneda nominal en contextos inflacionarios. Se comparan ingresos expresados en pesos relativamente actuales con costos expresados en pesos usualmente más antiguos (principalmente la depreciación del activo fijo y en menor grado el costo de los inventarios vendidos representan pesos más antiguos); o sea, a pesos más débiles o de menor poder adquisitivo les resta pesos más fuertes, subestimando el cómputo de los costos y, en consecuencia, determinando utilidades ficticias. Esto está muy mal. Todos lo sabemos. Sin embargo, la contabilidad sigue operando como si no lo supiésemos.

Ejemplo Nº 3
Pérdida o ganancia monetaria

En el ejemplo anterior hemos partido de la hipótesis de que todas las operaciones se hicieron al contado. Pero supongamos ahora que la venta se efectuó a crédito y que la tasa de inflación durante el mantenimiento de la cuenta por cobrar fue del 20%. Esto significa un quebranto adicional de $ 20 (20% de $ 100), originado por haberse mantenido un activo de valor nominal fijo en moneda del país, lo cual en épocas de inflación implica una desvalorización en términos reales. Lo mismo habría ocurrido de cobrarse la venta en efectivo, pero manteniendo el dinero en caja, ya que las disponibilidades se comportan igual que las cuentas a cobrar en este sentido. Por otra parte, si se mantiene un pasivo de valor nominal fijo en moneda del país, esto en épocas de inflación origina un beneficio, porque en sustancia se devuelve menos de lo que se recibió. Tales activos y pasivos se han dado en llamar monetarios, y las pérdidas y ganancias que ellos ocasionan, respectivamente, se denominan monetarias.

Ahora bien, la contabilidad en moneda nominal ignora olímpicamente las pérdidas y ganancias monetarias. En tanto, cualquier persona en un país con inflación sabe lo que es incrementar su riqueza tomando un préstamo bancario a tasa de interés negativa y colocando los fondos en bienes que lo protegen contra la inflación; y también sabe lo que es perder guardando el dinero debajo del colchón –aunque no se lo roben los ladrones– o prestándoselo a un amigo sin interés (esto sin considerar los beneficios de otra naturaleza que una acción de este tipo puede representar). Huelgan entonces los comentarios sobre el grado de veracidad de la contabilidad en moneda nominal.

La distorsión de la contabilidad en moneda nominal es más grave aún por lo siguiente. En épocas de inflación todo acreedor trata de elevar la tasa de interés a fin de compensar la desvalorización de su crédito. Por ello la tasa de interés suele ser más alta que en un entorno de estabilidad. La contabilidad de la moneda nominal registra el mayor interés, pero omite reconocer el efecto opuesto: el resultado monetario, cuando en realidad ambos conceptos deben aparearse para determinar un resultado financiero neto, medido en términos reales.

Ejemplo N° 4
Presentación de la situación patrimonial

Imaginemos ahora el siguiente Balance General al 31 de diciembre de 20X2:

ACTIVO	$	$
Caja y Bancos		400.000
Cuentas a cobrar		1.600.000
Activo fijo		4.000.000
		6.000.000
PASIVO		
Deudas		1.000.000
PATRIMONIO NETO		
Capital aportado	3.000.000	
Utilidades retenidas	2.000.000	5.000.000
		6.000.000

En este balance los activos y pasivos monetarios –las disponibilidades en caja y bancos, las cuentas a cobrar y las deudas– de hecho ya están expresados en pesos actuales. Pero no necesariamente ocurre lo mismo con el activo fijo y el capital aportado, que *a contrario sensu* podemos llamar rubros no monetarios.

Supongamos que el activo fijo está totalmente compuesto por tres parcelas de tierra de iguales características físicas que fueron adquiridas en distintos momentos, a saber:

	$
10.000 ha, adquiridas en 19X1	300.000
10.000 ha, adquiridas en 19X5	1.500.000
10.000 ha, adquiridas en 19X9	2.200.000
	4.000.000

Aunque parezca una exageración, la acumulación precedente significa algo así como lo siguiente:

$$300.000 \text{ km} + 1.500.000 \text{ cm}^2 + 2.200.000 \text{ m}^3 = 4.000.000 \text{ kg}$$

No hay duda de que esta última suma escandalizaría a cualquier escolar que conociera los rudimentos de las medidas de longitud, superficie, volumen y peso. Sin embargo, la contabilidad en moneda nominal, con muchos más años y experiencia, no se inmuta por hacer algo parecido.

El caso del capital integrado puede ser incluso más grave. Los saldos de capital de muchas empresas suelen incluir la graciosa acumulación de aportes efectuados hace muchos años cuando un peso de entonces valía bastante más que un peso actual. Para el ejemplo propuesto supongamos que los aportes de capital fueron hechos de la siguiente forma:

	$
19X0	1.600.000
19X5	900.000
19X8	500.000
	3.000.000

No podemos resistir a la tentación de señalar que esta suma adolece de un error similar al siguiente:

1.600.000 peras + 900.000 bananas + 500.000 limones = 3.000.000 naranjas

¿Qué más cabe decir al respecto?

Si la inflación habida entre las distintas fechas de origen del activo fijo y el capital aportado y el 31/12/20X2 ha sido:

19X0: 700%

19X1: 600%

19X5: 300%

19X8: 140%

19X9: 100%

Y al igual que en el ejemplo N° 2 convertimos los pesos invertidos en la tierra a equivalentes de pesos actuales, obtendríamos lo siguiente:

	$
$ 300.000 de 19X1 equivalen a	2.100.000
$ 1.500.000 de 19X5 equivalen a	6.000.000
$ 2.200.000 de 19X9 equivalen a	4.400.000
TOTAL	12.500.000

Este aumento de $ 4.000.000 a $ 12.500.000 en la cuantificación del saldo del activo fijo al 31/12/20X2 implica un incremento de $ 8.500.000 en la expresión del patrimonio neto de la empresa.

Si, por otra parte, procedemos de igual manera con el capital aportado, el efecto sería el siguiente:

	$
$ 1.6.000.000 de 19X0 equivalen a	12.800.000
$ 900.000 de 19X5 equivalen a	3.600.000
$ 50.000 de 19X8 equivalen a	1.200.000
TOTAL	17.600.000

A continuación se expone la situación patrimonial computando las cifras convertidas a pesos de poder adquisitivo homogéneo correspondiente al 31/12/X2:

ACTIVO	$	$
Caja y Bancos	400.000	
Cuentas a cobrar	1.600.000	
Activo fijo	12.500.000	14.500.000
PASIVO - Deudas		1.000.000
Activo neto		13.500.000
CAPITAL APORTADO		17.600.000
ACTIVO NETO		13.500.000
Pérdida acumulada		4.100.000

Vale decir que la empresa, en lugar de utilidades retenidas, acusa un saldo de pérdida acumulada. Esto no necesariamente implica que ha carecido de utilidades, sino que es posible que haya distribuido más utilidades que las que correspondía; o sea que, en sustancia, ha distribuido capital.

Vemos entonces que al aspecto agradable, aumento de la cuantificación del activo y en consecuencia de la cuantificación del patrimonio neto, hay que agregarle otro bastante desagradable: el reconocimiento de un déficit acumulado, porque aquel aumento no compensa la pérdida de poder adquisitivo del capital aportado.

Los errores señalados en los ejemplos precedentes restan validez a los índices o ratios, como el de solvencia o el de rentabilidad, que puedan calcularse sobre información contable preparada en moneda nominal. Por ejemplo, ¿qué valor puede tener un índice de rentabilidad calculado sobre la base de una utilidad sobreestimada y de un patrimonio neto subestimado? Al exagerarse el numerador y reducirse arbitrariamente el denominador que forman el cociente del índice, se obtiene un resultado falaz.

Dado que las distorsiones no son parejas entre las empresas, debido a las distintas condiciones de cada una, la contabilidad de la moneda nominal no ofrece buenas bases de comparación entre los estados contables de las diversas compañías. Por allí podremos encontrar dos empresas que según la contabilidad en moneda nominal muestran una rentabilidad similar, cuando en realidad una gana mucho y la otra opera a pura pérdida. O bien veremos una empresa que presuntamente goza de mayores ganancias que otra, pero la diferencia desaparece si eliminamos los errores de la contabilidad en moneda nominal.

Resumen

Como resumen de lo antedicho, diremos que sobre la base de la contabilidad histórica:

➢ No son comparables las cifras de los estados contables de una empresa a distintas fechas (caso de ejemplo N° 1, en el que comparamos las disponibilidades de caja y bancos al final de 20X1 y de 20X2).

➢ No son comparables las cifras dentro de un mismo estado (como ser los ingresos y costos del ejemplo N° 2 o los rubros monetarios y no monetarios del ejemplo N° 4).

➢ Ciertos saldos de por sí carecen de validez, con independencia de las comparaciones, a raíz de la inconsistencia de los factores computados en su determinación (caso típico es la utilidad neta del ejercicio mostrada en el ejemplo N° 2, o el saldo de utilidades retenidas referido en el ejemplo N° 4).

➢ No se reflejan en absoluto las pérdidas y ganancias monetarias originadas por mantener activos y pasivos monetarios respectivamente (traídas a colación en el ejemplo N° 3).

Como corolario de lo antedicho, las principales distorsiones que ofrecen los estados contables son las siguientes:

➢ En el balance general, se subestima el importe de los activos (cuanto más antiguo sea el activo, mayor será el error) y en consecuencia se subestima la expresión del patrimonio neto. Mas, a su vez, la subestimación del capital aportado, generalmente mayor que la de los activos, por lo común provoca la distorsión del monto de utilidades retenidas.

➢ En el estado de resultados, de los ingresos expresados en pesos relativamente actuales se deducen costos históricos que son significativamente inferiores a sus equivalentes en pesos actuales, sobreestimándose así la utilidad resultante de esos ingresos y costos.

➢ Además, se ignoran totalmente las pérdidas y ganancias monetarias. Si la empresa tiene pérdida monetaria neta (porque los activos monetarios predominaron sobre los pasivos monetarios), la omisión de su reconocimiento agrava el error en cuanto a la sobreestimación de la utilidad neta. Si, en cambio, la empresa tiene ganancia monetaria neta (porque los pasivos monetarios predominaron sobre los activos monetarios), la omisión de su reconocimiento compensa en mayor o menor medida el error por no ajustar los costos históricos; y puede llegar a darse el caso de que, siendo suficientemente significativa la ganancia monetaria no reflejada, la contabilidad de la moneda nominal esté arrojando utilidades inferiores a las que correspondería mostrar.

Consecuencias de la contabilidad en moneda nominal

El efecto de los errores de la contabilidad en moneda nominal que hemos comentado en los párrafos anteriores consiste esencialmente en brindar información inadecuada para la toma de decisiones. Aunque con esto está todo dicho, vale la pena recordar, sin embargo, ciertos inconvenientes específicos que acarrea tal información inadecuada:

➢ Se distribuyen utilidades ficticias; vale decir que, ocultamente, se distribuye capital.

➢ Se pagan impuestos sobre utilidades irreales, aunque también puede darse el caso opuesto de que no se graven utilidades reales que deberían pagar el impuesto. Esto hace que el impuesto sea confiscatorio y/o inequitativo.

➢ La solvencia y la rentabilidad que indican los estados contables con respecto a la obtención de financiación externa se ven completamente distorsionadas, y esto perjudica el manejo de otorgamiento de crédito.

➢ Los estados contables no son confiables tanto para el inversionista actual como para el potencial, cuando deberían ser una de las principales fuentes de información para la toma de decisiones que les competen.

➤ La contabilidad no es útil para el control de gestión, coadyuvando a la ineficiencia dentro de la empresa.

A todo lo antedicho cabe agregar un probable efecto muy importante: el pago de dividendos o impuestos con base en utilidades ficticias, así como también la eventual imposibilidad de aumentar equitativamente los precios debido a la influencia de reflejar tales utilidades (todo esto agravado por el propio incremento de los costos que entraña la inflación), ocasionan iliquidez financiera y erosionan el capital desde el punto de vista patrimonial. Se cae así en un círculo vicioso, en el que los viejos problemas, sin desaparecer, ocasionan nuevos problemas aún más graves.

Posibles remedios al problema de la unidad de medida en contextos inflacionarios

Desde hace ya muchos años, en los países en los que ha habido inflación significativa la contabilidad ha recurrido en primera instancia a algunos remedios parciales para superar las distorsiones que provoca el uso de una unidad de medida de valor variable (una moneda cuyo valor decrece debido a la pérdida de su poder adquisitivo). Estos remedios parciales han sido fundamentalmente de tres tipos:

1. Cargo acelerado de los costos históricos a resultados, como ser el método LIFO (último entrado, primero salido) de valuación de inventarios y la depreciación acelerada del activo fijo.
2. Revalúo del activo fijo y de la correspondiente depreciación.
3. Valuación de ciertos rubros a valores de mercado.

Cualquiera de dichos remedios por sí solo es insuficiente, porque en el mejor de los casos resuelve el problema en cuanto a ciertos rubros de los estados contables, pero no aporta una solución integral. Ésta puede lograrse únicamente por medio de un enfoque que comprenda todos los rubros afectados por la inflación, de manera que queden expresados en términos de una unidad de medida uniforme.

El método LIFO suele mejorar la determinación del costo de ventas, pero empeora la presentación de los inventarios, y no resuelve los demás problemas. Algo similar ocurre con la depreciación acelerada: provee un mejor cargo a resultados, pero a expensas de una subvaluación más exagerada del activo, y no se ocupa del resto de los rubros. El revalúo de los activos fijos es, en líneas generales, superior a la depreciación acelerada porque, al contrario de ésta, mejora la presentación de la situación patrimonial; pero de todos modos se limita al activo fijo y su efecto en resultados. La valuación de ciertas cuentas a valores de mercado obviamente tampoco resuelve el ajuste de las demás cuentas. Ninguno de estos remedios parciales resuelve la omisión de considerar los resultados monetarios.

El LIFO y la depreciación acelerada merecen un comentario adicional. Comencemos por LIFO. Si, por ejemplo, una empresa invirtió en sus inventarios $ 1.000, la solución está en convertir la inversión a equivalentes de pesos actuales, digamos $ 1.400. Entonces supongamos que $ 700 corresponden al stock y $ 700 al costo de ventas. Si, en cambio, no se convierten los $ 1.000, pero se pretende que el cargo de costo de ventas se aproxime a los $ 700 indicados, el único camino disponible es reducir la valuación de los inventarios a una cifra ridícula, en este caso $ 300. Esto es lo que hace el método: en vez de agrandar la torta y partirla como corresponde, le da un buen pedazo a una de las dos partes, y la otra se queda en ayunas. Lo mismo sucede con la depreciación acelerada.

El denominado revalúo del activo fijo puede ser fundamentalmente de dos tipos: a) basado en índices del nivel general de precios, o b) basado en tasaciones o en la aplicación de índices de precios específicos. El indicado en a) está en línea con el enfoque de convertir los costos incurridos a equivalentes de pesos actuales, enfoque del que hablamos precedentemente. El señalado en b) se orienta a valuar el activo a su valor corriente, lo cual representa algo distinto de la mera aplicación de una unidad de medida uniforme a los costos históricos; este punto lo desarrollaremos más adelante.

La solución del problema

El problema que estamos tratando es la falta de homogeneidad de los pesos de distintas épocas. Desde un punto de vista general, la solución adecuada es convertir todas las partidas de los estados contables a equivalentes de pesos de una misma época. En esto consiste el denominado ajuste por inflación. Su propósito es utilizar a todos los efectos una unidad de medida uniforme. En los próximos capítulos desarrollaremos los conceptos fundamentales y la técnica de este ajuste.

CAPÍTULO 3

CONVERSIÓN A MONEDA HOMOGÉNEA

Propósito de la conversión

En el capítulo anterior observamos lo siguiente: en tanto la inflación (o pérdida de poder adquisitivo de la moneda) sea significativa, no es válido hacer comparaciones o cómputos empleando cifras correspondientes a monedas de distintas fechas, porque tales cifras no están expresadas en una unidad de medida homogénea.

Por lo tanto, se hace necesario superar dicho inconveniente. Aunque en teoría la moneda no sería el único elemento que puede ser utilizado como unidad de medida, en la práctica los usuarios de la información contable la prefieren. En consecuencia, la solución radica en aplicar a la propia moneda un mecanismo de corrección que neutralice la distorsión creada por su pérdida de poder adquisitivo. La corrección consiste en convertir valores nominales, correspondientes a expresiones monetarias de distintas fechas, a equivalentes de moneda de una misma fecha. Este procedimiento lo hemos esbozado en el capítulo anterior. Ahora lo examinaremos con más detenimiento.

Proceso de conversión

El proceso se ha denominado de diversas maneras: conversión a moneda homogénea, conversión a unidades de poder adquisitivo equivalente, conversión a moneda constante, reexpresión monetaria, etc. Nosotros preferimos designarlo como "conversión a moneda homogénea". Esta elección es convencional. Debe entenderse que la expresión elegida es sinónimo de las otras que mencionamos.

El primer paso del proceso es elegir el índice que servirá de base para la conversión. Dado que el objetivo es computar la variación en el poder adquisitivo de la moneda, debe utilizarse un índice del nivel general de precios. No deben usarse índices representativos de cambios en el precio específico de ciertos bienes y servicios, porque estos índices no responden concretamente al mencionado objetivo.

Pero podemos preguntarnos: ¿existe un índice verdaderamente representativo del nivel general de precios? En general, puede obtenerse un índice que refleje aproximadamente los cambios en el poder adquisitivo de la moneda, y cuanto mayores sean esos cambios, tanto menor será la equivocación por usar ese índice en comparación con el error de no usarlo para nada.

Lo que se trata de ajustar son las variaciones en el poder adquisitivo de la moneda, que en sí mismas constituyen un fenómeno común a todas las empresas y demás entidades de un país. Claro está que la inflación las afecta de manera diversa, pero ello ocurre como consecuencia de su distinta situación. El hecho de que una unidad monetaria de hoy vale la mitad de una de ayer es algo independiente de cualquier ente en particular. Justamente, lo que se busca es reflejar ese hecho, y nada más.

Son índices del nivel general de precios: el de precios mayoristas, el de costo de vida, el de precios al consumidor, etc. La elección del mejor índice depende de cada país. Cuanto más amplia sea la canasta de bienes y servicios considerados, mejor es el índice. Además de la calidad del índice, que entre otros aspectos debe incluir su elaboración por una entidad con reconocida independencia y seriedad, deben tenerse en cuenta factores prácticos, como su actualización frecuente y disposición rápida. En principio, el mismo índice debería ser utilizado para la conversión a moneda homogénea de todos los estados contables emitidos en un determinado país.

Lo antedicho puede resumirse gráficamente así:

CONVERSIÓN A MONEDA HOMOGÉNEA – ÍNDICE APLICABLE
El objetivo es reflejar:

La pérdida de poder adquisitivo de la moneda ⎫
El incremento en el nivel general de precios   ⎬ SINÓNIMOS
La inflación interna   ⎭

(SÍ)   (NO)

Precios por mayor   Índices o precios específicos
Costo de vida   (cotización de la moneda extranjera,
                                               costo de la construcción, etc.)

El segundo paso es seleccionar el momento al que se refiere el poder adquisitivo de la moneda que se utilizará, lo que determina la "moneda de cuenta", o sea la unidad de medida a la cual se desea convertir todas las expresiones monetarias. Habitualmente se elige como moneda de cuenta la "moneda actual", más concretamente la moneda de cierre del período al que se refieren los estados contables, porque la moneda actual se vivencia más fácil. Por ejemplo, si se pretende comparar montos de ventas de los últimos cinco años, las cifras tendrán más significado inmediato si se expresan en equivalentes de moneda de hoy que si se lo hace en equivalentes de moneda de cinco años atrás.

El tercer paso es calcular los coeficientes de conversión en función del índice elegido. Para esto se emplea la fórmula siguiente:

$$C = \frac{IMC}{IO}$$

En donde:

C: coeficiente de conversión.

IMC: índice correspondiente a la moneda de cuenta (seleccionada en el paso anterior).

IO: índice correspondiente al período de origen de la partida objeto de conversión.

El cuarto paso es, obviamente, aplicar los coeficientes de conversión sobre las partidas respectivas.

Podemos resumir el proceso de cuatro pasos descripto en los párrafos precedentes de la siguiente manera:

Proceso de conversión a moneda homogénea

1°) Elegir un índice (de nivel general de precios).
2°) Seleccionar la moneda de cuenta (habitualmente la moneda actual).
3°) Calcular los coeficientes de conversión empleando la fórmula siguiente:

$$C = \frac{IMC}{IO}$$

4°) Aplicar los coeficientes de conversión sobre las partidas respectivas.

Ejemplo ilustrativo

Para ilustrar este proceso recurriremos a un ejemplo. Supongamos que deseamos comparar las cifras de ventas siguientes:

	Moneda original
Diciembre de 20X1	1.000
Diciembre de 20X2	1.300
Diciembre de 20X3	1.600
Diciembre de 20X4	1.900

Como vimos anteriormente, dichas cifras de ventas no son comparables porque están expresadas en moneda de distinto poder adquisitivo. Para efectuar una comparación razonable es preciso convertirlas a moneda homogénea.

A tal fin, el primer paso es elegir un índice de nivel general de precios. Usualmente el nivel general de precios se refleja en una tabla, en donde se indica para cada período (generalmente un mes) el número del índice correspondiente, sobre la base de igualar a cien el nivel de precios de un período seleccionado. Por ejemplo, la tabla de un índice hipotético puede arrojar lo siguiente:

	Índice
Período base	100
. . . .	. . . . .
Diciembre de 20X1	200
. . . .	. . . . .
Diciembre de 20x2	240
. . . .	. . . . .
Diciembre de 20X3	300
. . . .	. . . . .
Diciembre de 20X4	390

Dicha tabla indica, por ejemplo, que 200 unidades monetarias de diciembre de 20X1 tenían un poder adquisitivo equivalente a 390 unidades monetarias de diciembre de 20X4.

El segundo paso es seleccionar el momento al que se refiere el poder adquisitivo de la moneda que se utilizará como la moneda de cuenta. En principio, es natural que optemos por la moneda actual; para el caso, la de diciembre de 20X4.

El tercer paso es calcular los coeficientes de conversión. Empleando la fórmula indicada precedentemente en función de la tabla del índice elegido (primer paso) y de la moneda de cuenta seleccionada (segundo paso), tenemos el cómputo siguiente:

Período de origen	Cálculo (cociente)		Coeficiente de conversión
	Numerador IMC	Denominador IO	
Diciembre de 20X1	390	200	1,95
Diciembre de 20X2	390	240	1,625
Diciembre de 20X3	390	300	1,3
Diciembre de 20X4	390	390	1

El cuarto paso es aplicar los coeficientes de conversión sobre las cifras respectivas:

Período de origen	Moneda original	Coeficiente de conversión	Moneda homogénea (diciembre de 20X4)
Diciembre de 20X1	1.000	1,95	1.950
Diciembre de 20X2	1.300	1,625	2.112
Diciembre de 20X3	1.600	1,3	2.080
Diciembre de 20X4	1.900	1,0	1.900

Para reforzar el significado del ejemplo, mostramos el cuadro siguiente:

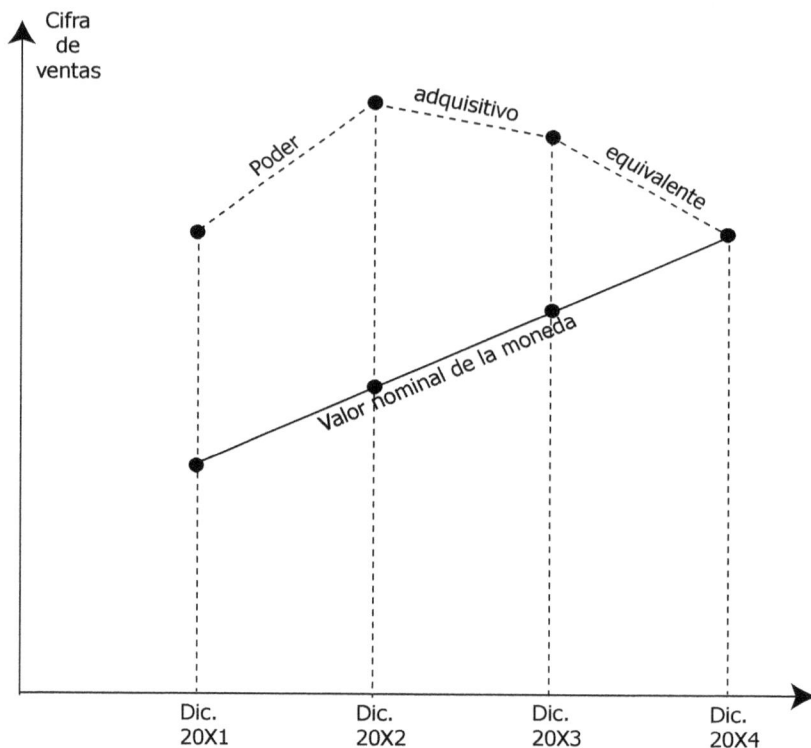

La comparación de cifras convertidas a moneda homogénea equivale en sustancia a considerar la tasa de inflación (incremento en el nivel general de precios) que media entre cada una de las fechas de las partidas objeto de comparación y la fecha a la cual se refiere el poder adquisitivo de la moneda de cuenta. En efecto, aplicar un coeficiente de conversión de 1,95 o 1,625 o 1,3 es lo mismo que computar una tasa de inflación de 95% o 62,5% o 30%, respectivamente.

Tomemos, por ejemplo, la comparación entre las ventas de diciembre de 20X3 y las de diciembre de 20X4. A valores nominales las segundas superan a las primeras en un 18,75% (1.900 ÷ 1.600 = 1,1875). Sin embargo, dado que la tasa de inflación pertinente es de 30% (390 ÷ 300 = 1,3), a moneda homogénea las primeras exceden a las segundas en 9,47% (2.080 ÷ 1.900 = 1,0947368). Para haber mantenido un nivel de ventas equivalente en moneda homogénea, las ventas de diciembre de 2004 hubieran debido ascender a $ 2.080, pero solo ascendieron a $ 1.900, o sea $ 180 menos en moneda de diciembre de 2004; esto significa que hubo una disminución de 8,6538% (180/2.080).

Alternativas en cuanto a la elección de la moneda de cuenta

En el ejemplo traído pudo hacerse la comparación utilizando como moneda de cuenta la de cualquier otro período; verbigracia, la del período base donde el índice es igual a 100, o bien la correspondiente a diciembre de 20X1. Con estas hipótesis tendremos los resultados siguientes:

Período de origen	Moneda original	Conversión a moneda homogénea			
		MC: período base		MC: dic. 20X1	
		Coeficiente de conversión (*)	Cifra convertida	Coeficiente de conversión (**)	Cifra convertida
Dic. 20X1	1.000	0,5	500	1	1.000
Dic. 20X2	1.300	0,42	546	0,83	1.079
Dic. 20X3	1.600	0,33	528	0,67	1.072
Dic. 20X4	1.900	0,26	494	0,51	969

(*) Cociente: numerador 100; denominador índice del período de origen.

(**) Cociente: numerador 200; denominador índice del período de origen.

Podemos observar que las cifras convertidas a moneda homogénea son distintas según sea la moneda de cuenta elegida:

Período de origen	Cifras convertidas a moneda homogénea		
	MC Período base	MC Diciembre de 20X1	MC Diciembre de 20X4
Dic. 20X1	500	1.000	1.950
Dic. 20X2	546	1.079	2.112
DIC. 20X3	528	1.072	2.080
DIC. 20X4	494	969	1.900

Sin embargo, cabe destacar que las relaciones entre las cifras correspondientes a los distintos períodos de origen son las mismas en las tres columnas. Vale decir que, en sustancia, las tres columnas "dicen lo mismo"; no así la columna de cifras expresadas en moneda original que vimos al principio del ejemplo.

Conversiones subsecuentes

Continuando con los datos de nuestro ejemplo, supongamos por otra parte que ya el año anterior (20X3) hicimos la conversión de ventas a moneda homogénea, empleando entonces como moneda de cuenta la de diciembre de 20X3.

Período de origen	Moneda original	Coeficiente de conversión	Moneda homogénea (Diciembre 20X3)
Dic. 20X1	1.000	$\dfrac{300}{200} = 1,5$	1.500
Dic. 20X2	1.300	$\dfrac{300}{240} = 1,25$	1.625
Dic. 20X3	1.600	$\dfrac{300}{300} = 1$	1.600

Imaginemos luego que ha pasado un año y ya es conocida la cifra de ventas de diciembre de 20X4. Por lo tanto, ahora deseamos incluir esta última en la comparación y seleccionamos naturalmente como moneda de cuenta la de diciembre de 20X4.

Para convertir a esta moneda las cifras de años anteriores podemos recorrer dos caminos diferentes, a saber:

➤ convertirlas desde el origen conforme hicimos precedentemente, o bien
➤ tomar las cifras convertidas a moneda de cuenta de diciembre de 20X3 y "reconvertirlas" a moneda de diciembre de 20X4.

Más arriba vemos la conversión desde el origen. Veamos a continuación la conversión indicada en segundo término:

Período de origen	Cifras convertidas a moneda de diciembre de 20X3	Coeficiente de de conversión 390 ÷ 300	Cifras convertidas a moneda de diciembre de 20X4
Diciembre de 20X1	1.500	1,3	1.950
Diciembre de 20X2	1.625	1,3	2.112
Diciembre de 20X3	1.600	1,3	2.080

Si se toma como base una cifra previamente convertida a moneda de una fecha anterior, el período de origen "se corre" a esta fecha. En consecuencia, cambia el denominador en la fórmula del coeficiente de conversión.

Por ambos caminos se arriba necesariamente al mismo resultado. Para ilustrar este aserto tomemos las ventas de diciembre de 20X2:

➢ Si convertimos directamente desde el origen tenemos:

$$\frac{1{,}300 \times 390 \text{ (índ. dic. 20X4)}}{240 \text{ (índ. dic. 20X2)}} = 2.112$$

➢ En la conversión "con escalas" tenemos:

$$\frac{1.300 \times 300 \text{ (índ. dic. 20X3)} \times 390 \text{ (índ. dic. 20X4)}}{240 \text{ (índ. dic. 20X2)} \times 300 \text{ (índ. dic. 20X3)}} = 2.112$$

Lo antedicho lo podemos generalizar con símbolos. Llamaremos:

IO: al índice del período original.
I1, I2, I3, …, I (n-1), In, a los índices correspondientes a la moneda actual que sucesivamente se emplea como moneda de cuenta.
C1, C2, C3, …, C (n-1), Cn, a los respectivos coeficientes de conversión.

Entonces tendremos:

$$C1 = \frac{I1}{IO}$$

$$C2 = \frac{I2}{IO} \qquad C2 = C1 \times \frac{I2}{I1} = \frac{I1 \times I2}{IO \quad I1} = \frac{I2}{IO}$$

$$C3 = \frac{I3}{IO} \qquad C3 = C2 \times \frac{I3}{I2} = \frac{I2 \times I3}{IO \quad I2} = \frac{I3}{IO}$$

. . .

$$Cn = \frac{In}{IO} \qquad Cn = \frac{C(n-1) \times In}{I(n-1)} = \frac{I(n-1) \times In}{IO \quad I(n-1)} = \frac{In}{IO}$$

Conversión de cifras proyectadas

Si seguimos con el mismo ejemplo, podemos plantearnos una cuestión adicional: supongamos que para diciembre de 20X5 presupuestamos una cifra de ventas de 2.200 (en términos de moneda de dicho período). Pregunta: ¿estamos presupuestando un aumento o una disminución de ventas, en términos de moneda homogénea? Para responder a esta pregunta, es necesario proyectar el índice de nivel general de precios de diciembre de 20X5. Supongamos que es de 546. Si seleccionamos como moneda de cuenta la moneda actual, digamos diciembre de 20X4, tendremos:

$$C = \frac{IMC}{IO} = \frac{390}{546} = 0{,}7143$$

Ventas dic. 20X5
a moneda de dic. 20X4 = 2,200 x 0,7143 = 1,571

Esto significa una disminución en las ventas del 17,31%, comparado con las de diciembre de 20X4 (1.900 − 1.571 = 329; 329 ÷ 1.900 = 0,1731).

A la misma conclusión puede llegarse comparando el incremento en el valor nominal con la tasa de inflación proyectada.

Incremento presupuestado en el valor nominal de las ventas:

15,79% (2200 ÷ 1900 = 1,1578947)

Tasa de inflación proyectada 40% (546 ÷ 390 = 1,4)

Disminución a moneda homogénea $\dfrac{0{,}1579 - 0{,}4}{1{,}4}$ 17,29%

Resumen

Para concluir, podemos representar gráficamente la naturaleza de la conversión a moneda homogénea de la siguiente forma:

PROBLEMA: partidas expresadas en moneda de distinta fecha = moneda distinto poder adquisitivo = moneda no homogénea

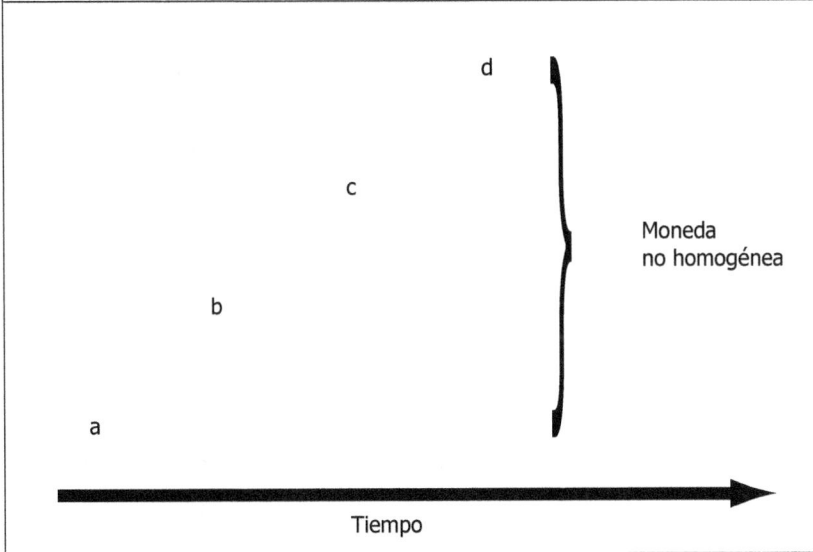

d

c

Moneda
no homogénea

b

a

Tiempo

CURSO DE ACCIÓN: convertir las partidas a moneda homogénea

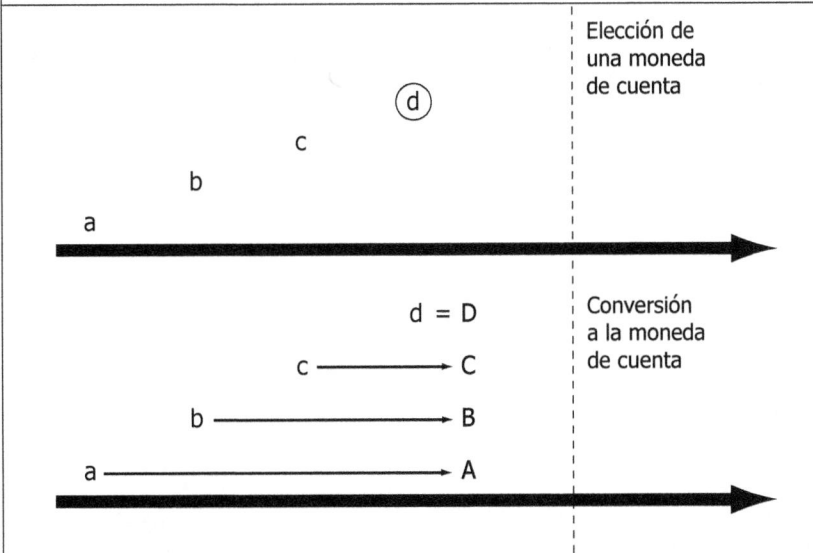

Elección de
una moneda
de cuenta

d

c

b

a

d = D

Conversión
a la moneda
de cuenta

c ⟶ C

b ⟶ B

a ⟶ A

OBJETIVO: hacer comparaciones o cómputos sobre bases homogéneas

D

C

B

A

Unidad de
medida
homogénea

Tiempo

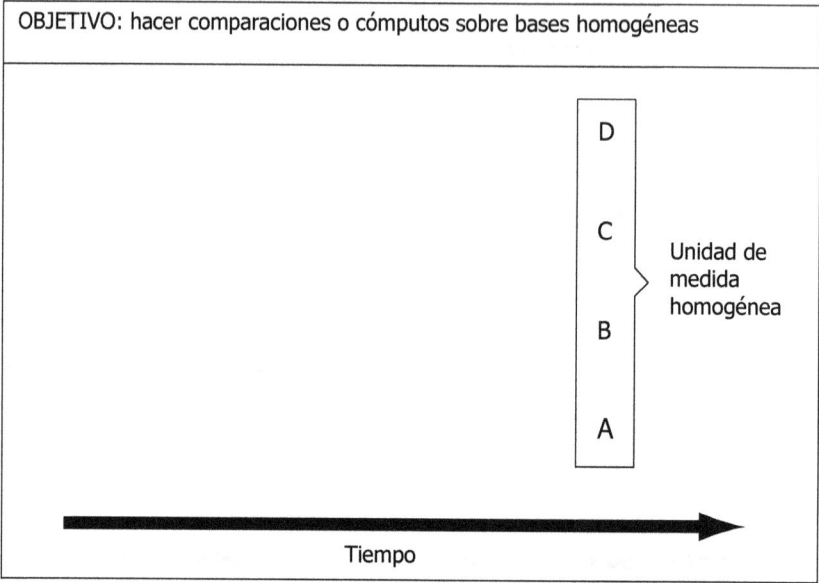

En el ejemplo considerado en este capítulo nos hemos limitado a un caso sencillo de comparación de cifras. Pero el mecanismo de convertir partidas a moneda homogénea es igualmente viable para otros propósitos, como ser la acumulación (suma algebraica) de partidas de diversos períodos, o bien la determinación de un resultado (diferencia entre un valor corriente y un valor anterior).

Trataremos este tema en el próximo capítulo.

CAPÍTULO 4

COMPORTAMIENTO DE ACTIVOS Y PASIVOS FRENTE A LOS CAMBIOS EN LOS PRECIOS

Conceptos generales

Cuando se habla de ajuste por inflación se supone que éste se practica a partir de estados contables que han utilizado la moneda nominal como unidad de medida; vale decir, que no han contemplado el efecto de la inflación, y entonces el ajuste pretende superar esta falencia. Sin embargo, antes de encarar la metodología del ajuste de dichos estados contables, nos parece oportuno ir a la esencia del fenómeno: analizar el comportamiento económico de los activos y pasivos en épocas de inflación, con independencia de la situación intermedia objeto de ajuste. Creemos que de esta manera facilitamos la comprensión del fenómeno. Para ello emplearemos el mecanismo de conversión a moneda homogénea que vimos en el capítulo precedente.

En el Capítulo 1 dijimos que, de una manera u otra, los resultados implican cambios en el valor de los activos netos. Y aclaramos que tales cambios pueden deberse a que:

a) se modifica el valor de los activos o pasivos; o bien
b) se generan activos o pasivos adicionales que llamaremos "devengamientos" (como intereses, alquileres, dividendos, etc.).

Los cambios de valor indicados en a) se exteriorizan porque:

➤ Los activos (y eventualmente los pasivos) se intercambian por otros a través de transacciones con terceros (ventas, permutas, etc.). Aquí podemos decir que se da la "realización" de dichos activos.
➤ Los activos o pasivos se transforman, consumen o deterioran debido al proceso operativo o por otras circunstancias.
➤ Los activos o pasivos se conservan, pero cambia su precio en el mercado. A estos cambios los llamamos "resultados tenencia".

Por lo tanto, la determinación de cualquier resultado requiere la comparación del valor contable a la fecha de medición con el respectivo valor contable anterior. En caso de que el activo o pasivo objeto de valuación haya generado un activo o pasivo adicional (devengamiento), al valor contable del primero debe añadirse el valor contable del segundo a fin de determinar el resultado total.

El valor contable de un activo puede estar dado por su precio de venta realizada, por su probable valor neto de realización, por su costo de reposición o por cualquier otro método de medición, según corresponda. Diversas alternativas existen también para establecer el valor contable de un pasivo. Pero para el análisis que sigue no es preciso explorar tales alternativas, por cuanto el esquema que desarrollaremos es válido cualquiera sea la definición del valor contable que se haga.

Por valor contable anterior entendemos el valor original, o sea el de incorporación al patrimonio del ente, o bien un valor contable asignado en un momento anterior al actual.

En cuanto a la unidad de medida empleada, la comparación del valor contable actual con el valor contable anterior puede hacerse de dos maneras distintas: se usa el valor nominal de la moneda o una moneda homogénea.

Si como unidad de medida se emplea el valor nominal de la moneda, el resultado proveniente de un activo o de un pasivo estará dado por el cambio en su precio específico y por el devengamiento que el mismo genere, sin tomar en consideración el efecto de la variación en el poder adquisitivo de la moneda. Por ejemplo, durante un período dado de tiempo:

> ➤ Si se conservan $ 100 en Caja, se dice que no hubo pérdida ni ganancia.
> ➤ Si los $ 100 se prestan con un interés de 15%, se considera que este porcentaje refleja la ganancia proveniente del préstamo.
> ➤ Si los $ 100 se invierten en moneda extranjera y su cotización crece 30%, se sostiene que este incremento constituye la ganancia de cambio.
> ➤ Si los $ 100 se destinan a la compra de mercaderías que al cabo del período se venden en $ 140, se postula que resultó una ganancia realizada por la venta de $ 40.

Por el contrario, si se utiliza una moneda homogénea para calcular el resultado, es necesario aplicar previamente el mecanismo de conversión indicado en el Capítulo 3. Se trata de que ambos términos –valor contable actual y valor contable anterior– queden expresados en unidades monetarias del mismo poder adquisitivo. Esto se logra utilizando como moneda de cuenta la de la fecha del valor contable actual, que podemos llamar "moneda actual". Entonces, debe convertirse el valor contable anterior a moneda actual, en tanto que el valor contable actual, de hecho, ya está expresado en dicha moneda. Siguiendo los ejemplos considerados en el apartado anterior, y suponiendo que media una tasa de inflación de 10% durante el período dado, diríamos lo siguiente:

> ➤ Que el mantenimiento de $ 100 en Caja ocasionó una pérdida de $ 10 (correspondiente a 10% de la tasa de inflación).
> ➤ Que el préstamo arrojó una renta neta de casi 5%[1] (15% de interés nominal menos la desvalorización del préstamo a razón de 10%).
> ➤ Que la ganancia neta por la tenencia de la moneda extranjera fue de casi 20% (30% de ganancia de cambio nominal menos 10% correspondiente a la tasa de inflación).
> ➤ Que la ganancia realizada por la venta de la mercadería es de $ 30 (precio de venta de $ 140 menos costo actualizado de $ 110).

Generalizando, podemos decir que el resultado medido en función del valor nominal de la moneda responde a la fórmula siguiente:

$$RN = \triangle PE + D$$

---

1 En términos exactos la renta es de 4,54% (115 ÷ 110). Este tipo de aclaración es igualmente aplicable al ejemplo siguiente.

En donde:

RN: ganancia o pérdida nominal.

$\triangle$ PE: variación en el precio específico (igual a la variación en el valor contable).

D: devengamiento (activo o pasivo adicional).

Mientras que el resultado medido en función de una moneda homogénea agrega un nuevo elemento, a saber:

$$RMH = \triangle PE + D - \triangle NGP$$

En donde:

RMH: ganancia o pérdida medida a moneda homogénea.

$\triangle$ NGP: variación en el nivel general de precios (impacto inflacionario).

La fórmula sintética del ajuste es, obviamente:

$$RMH = RN - \triangle NGP$$

Esta fórmula es válida para cualquier tipo de activo o pasivo. Esto significa que el impacto inflacionario afecta en igual medida a todos los activos y pasivos. El resultado final en moneda homogénea dependerá de la capacidad de cada activo o pasivo de modificar su valor o de generar devengamientos, de acuerdo con su naturaleza y considerando el criterio de medición utilizado.

Sin embargo, a fin de profundizar el análisis de la aplicación de la fórmula precedente, debemos hacer la distinción entre cuentas (activos y pasivos) monetarias y no monetarias. Las cuentas monetarias comprenden las disponibilidades (que por su naturaleza son en dinero), los créditos en dinero y las obligaciones (pasivos) a pagar en dinero. Las cuentas no monetarias abarcan todos los demás activos y pasivos, incluyendo los denominados créditos en especie y pasivos en especie. A su vez, dentro de las cuentas monetarias cabe distinguir si corresponden a moneda del país o a moneda extranjera; las primeras, por definición, constituyen un valor nominal fijo en sus propios términos; en cambio, las segundas ofrecen la posibilidad de una variación en su precio específico en términos de moneda del país, o sea de una diferencia de cambio (en el supuesto de que los estados contables se expresan en moneda del país). Por otra parte, ambas clases de cuentas pueden devengar o no intereses. Además, cualquiera de ellas puede tener cláusula de indexación, que consiste en una corrección del capital en función de un índice predeterminado.

Tomando en cuenta lo expresado en el párrafo precedente, podemos hacer la clasificación siguiente:

A. Activos y pasivos monetarios en moneda del país que no devengan interés ni indexación.
B. Activos y pasivos monetarios en moneda del país que devengan interés.
C. Cuentas en moneda extranjera y cuentas indexables. Aquí cabe hacer una distinción similar a la indicada en A y B.
D. Cuentas no monetarias.

En las secciones siguientes examinaremos respectivamente cada una de estas categorías de cuentas. Pero, por razones didácticas, veremos la categoría D a continuación de la B, para luego tratar la C.

Cuentas monetarias en moneda del país que no devengan interés ni indexación

Las disponibilidades en moneda del país constituyen el rubro típico de esta categoría de cuentas porque, en general, los créditos y los pasivos habrán de devengar interés, sea explícito o implícito. Dado su valor nominal fijo, $\Delta PE=O$; y dado que también D=O, su RN=O. Por lo tanto:

$$RMH = \Delta NGP$$

Vale decir que este resultado, que rotulamos monetario, es una función exclusiva y automática de la tasa de inflación.

Supongamos que se mantiene dinero en caja por $ 100, durante cierto período. La representación gráfica de tal mantenimiento en función del valor nominal de la moneda es la siguiente (VNF significa "valor nominal fijo"):

Situación original	Resultado nominal	Situación actual
	(CERO)	
$ 100	VNF ➡	$ 100

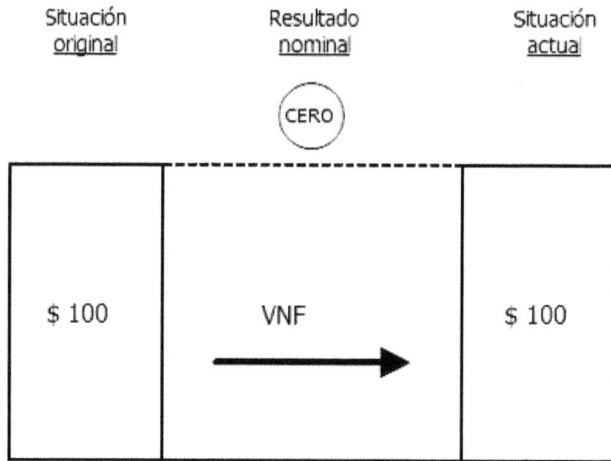

No obstante, si media inflación durante el período de mantenimiento, por ejemplo 20%, podemos decir que los $ 100 que se tenían al inicio del período equivalían a $ 120 de hoy. Por lo tanto, la representación gráfica de la tenencia en términos de moneda homogénea es como sigue:

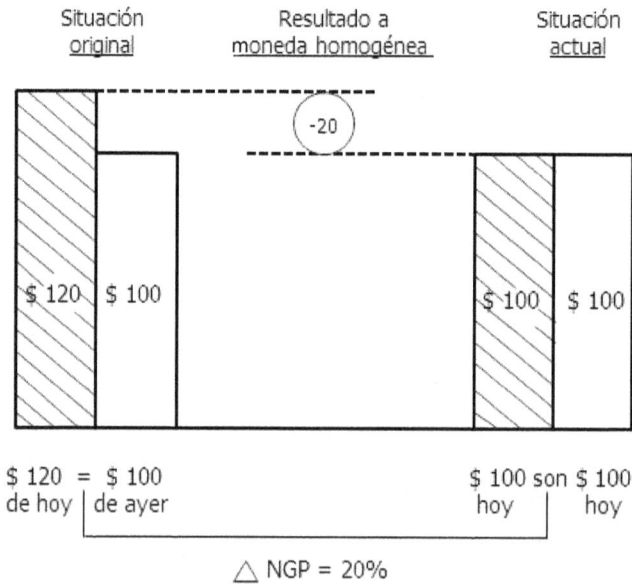

Situación original	Resultado a moneda homogénea	Situación actual
	(-20)	
$ 120 $ 100		$ 100 $ 100

$ 120 = $ 100
de hoy | de ayer

$ 100 son $ 100
hoy | hoy

△ NGP = 20%

En conclusión: RMH = △ NGP

Activos y pasivos monetarios en moneda del país que devengan interés

Estos activos y pasivos tienen Δ PE = O pero devengan intereses. Por lo tanto, la fórmula es:

$$RMH = D - \Delta NGP$$

Supongamos lo siguiente:

➤ En un momento dado se otorga un préstamo en moneda del país por $ 100.
➤ El préstamo devenga un interés *equis* durante cierto espacio de tiempo.
➤ En el mismo período la tasa de inflación ha sido de 20%.

Con estos datos contemplemos dos posibilidades en cuanto a la tasa de interés que da lugar al respectivo activo o pasivo adicional (D):

X) D>Δ NGP; interés 23%.
Y) D<Δ NGP; interés 16%.

A continuación figura la representación gráfica de tales situaciones:

ALTERNATIVA X

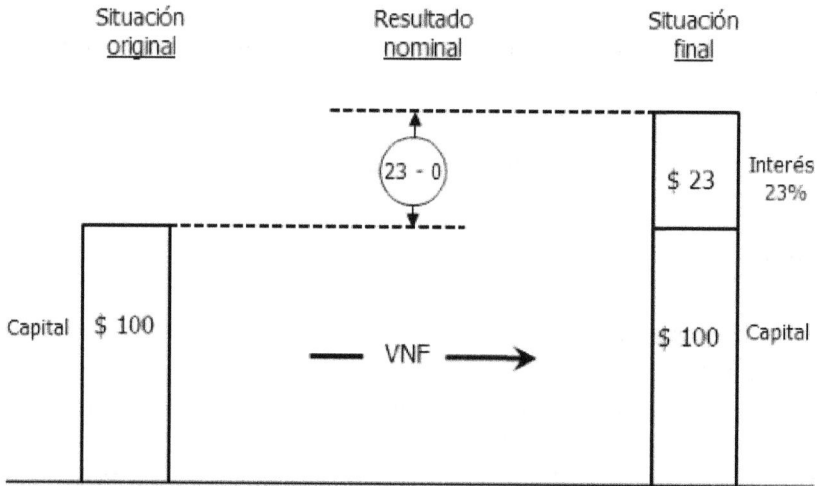

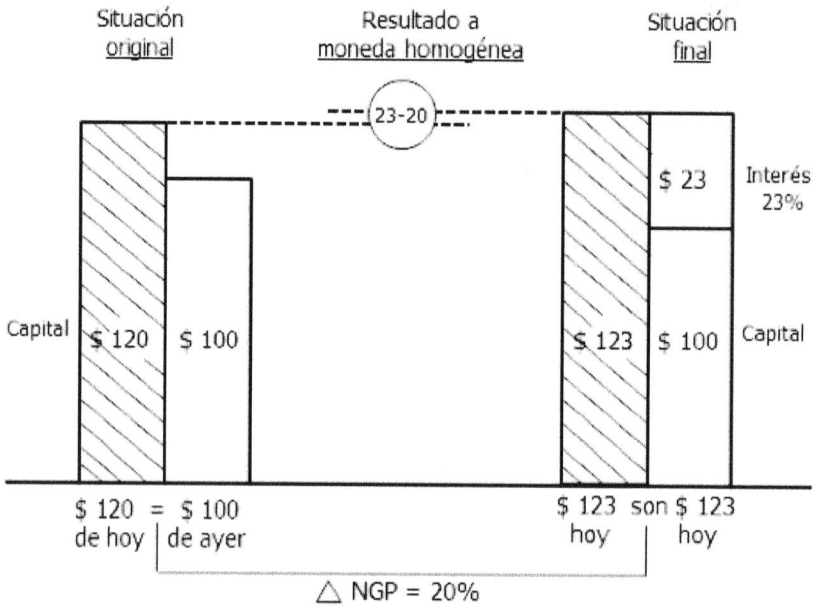

Situación original	Resultado nominal	Situación final

(23 - 0)

$ 23   Interés 23%

Capital $ 100

VNF →

$ 100   Capital

Situación original	Resultado a moneda homogénea	Situación final

(23-20)

$ 23   Interés 23%

Capital $ 120 $ 100

$ 123 $ 100   Capital

$ 120 = $ 100
de hoy | de ayer

$ 123 son $ 123
hoy | hoy

△ NGP = 20%

ALTERNATIVA Y

Situación original	Resultado nominal	Situación final

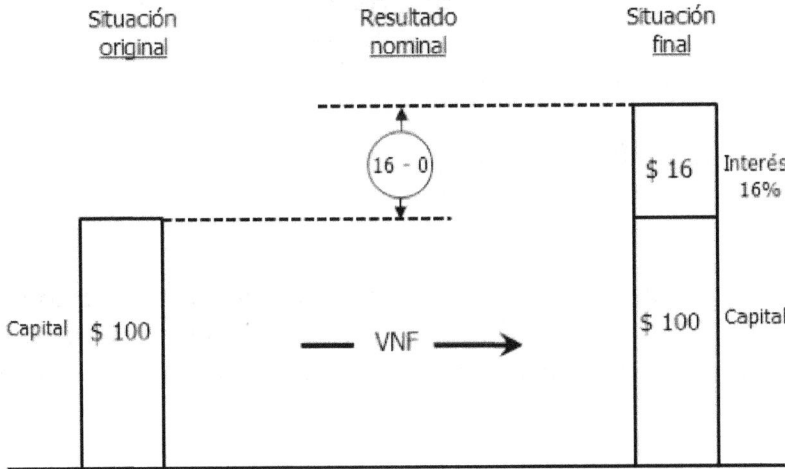

$16 - 0$

$ 16 Interés 16%

VNF →

Capital $ 100

$ 100 Capital

Situación original	Resultado a moneda homogénea	Situación actual

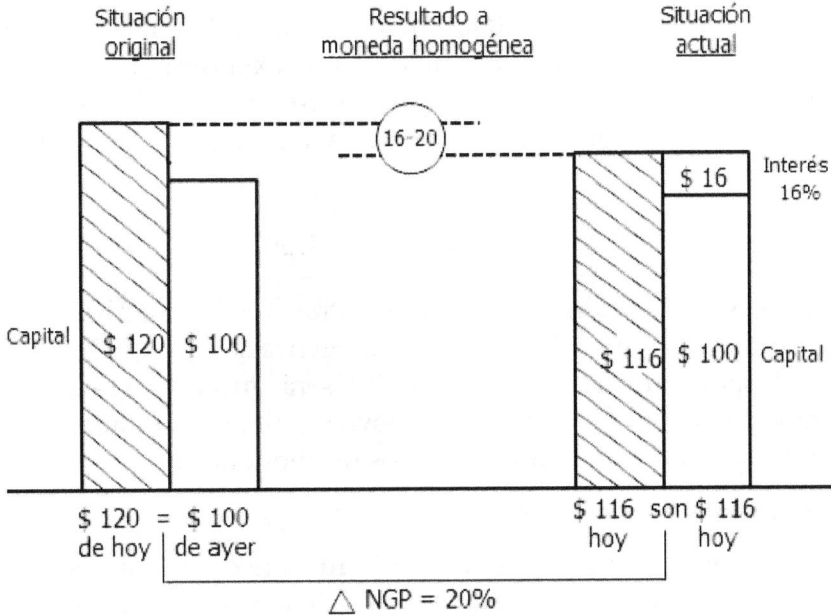

$16-20$

Interés 16%

$ 16

Capital $ 120 $ 100

$ 116 $ 100 Capital

$ 120 = $ 100
de hoy | de ayer

$ 116 son $ 116
hoy | hoy

△ NGP = 20%

En conclusión:

$$RMH = \triangle PE + D - \triangle NGP$$

Pero por definición: $\triangle PE = 0$
De donde:
RMH = D – $\triangle$ NGP
RMH ALT X = 23 – 20 = 3
RMH ALT Y = 16 – 20 = -4

Cuando la tasa de interés nominal es superior a la tasa de inflación (caso de la alternativa X) se habla de *tasa de interés real positiva.* Y viceversa: cuando aquélla es inferior (caso de la alternativa Y), se dice que existe *tasa de interés real negativa.*

Activos y pasivos no monetarios

A contrario sensu, se denominan activos y pasivos no monetarios los que no tienen un valor nominal fijo. Es decir, que puede tener efecto la variación en el precio específico. Por lo tanto, el resultado proveniente de la tenencia o realización de un activo o pasivo no monetario no depende exclusiva ni automáticamente de la variación en el nivel general de precios. Ambas variaciones –la del precio específico y la del nivel general de precios– son para tener en cuenta:

$$RMH = \triangle PE - \triangle NGP$$

En épocas de inflación, la tenencia o realización de un activo no monetario será ganancia en términos de moneda homogénea solo si $\triangle PE > \triangle NGP$. Por el contrario, será pérdida si $\triangle PE < \triangle NGP$. Y será igual a cero si $\triangle PE = \triangle NGP$. Para el caso de pasivos no monetarios, obviamente, el resultado juega en función inversa a la indicada para los activos no monetarios.

Supongamos lo siguiente:

➢ En un momento dado se adquirió un activo no monetario en $ 100.
➢ En un momento posterior dicho activo se vendió en una suma *equis.*
➢ La tasa de inflación en el interregno fue de 20%.

Con estos datos, contemplemos tres posibilidades en cuanto a la variación en el precio específico (en el ejemplo, la diferencia entre el precio de venta y el de adquisición):

A. $\triangle$ PE > $\triangle$ NGP; $\triangle$ PE = 50%.

B. $\triangle$ PE < $\triangle$ NGP; $\triangle$ PE = 9%.

C. $\triangle$ PE negativa; disminución del 33%.

La representación gráfica de los respectivos resultados nominales y a moneda homogénea de tales posibilidades se presenta a continuación:

ALTERNATIVA A

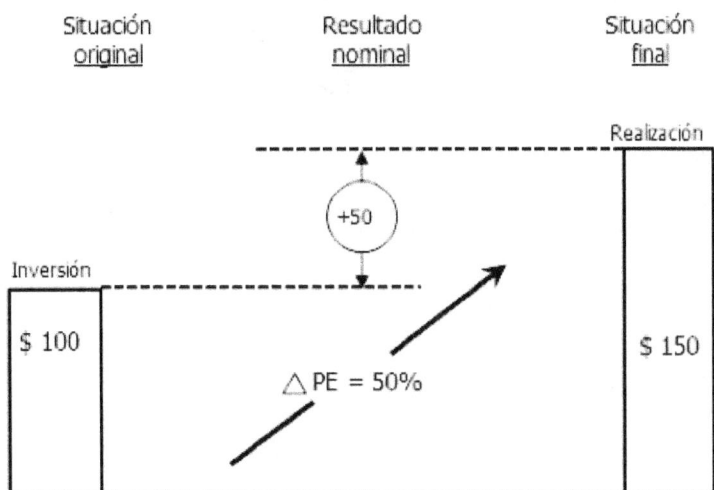

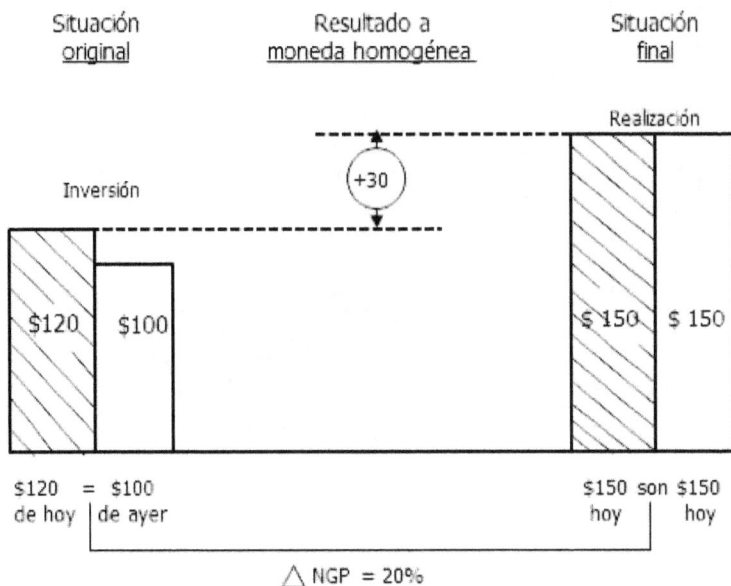

Situación original	Resultado nominal	Situación final

Realización

Inversión

+50

$ 100

$ 150

$\triangle$ PE = 50%

Situación original	Resultado a moneda homogénea	Situación final

Realización

Inversión

+30

$120 $100

$150 $ 150

$120 = $100
de hoy | de ayer

$150 son $150
hoy | hoy

$\triangle$ NGP = 20%

ALTERNATIVA B

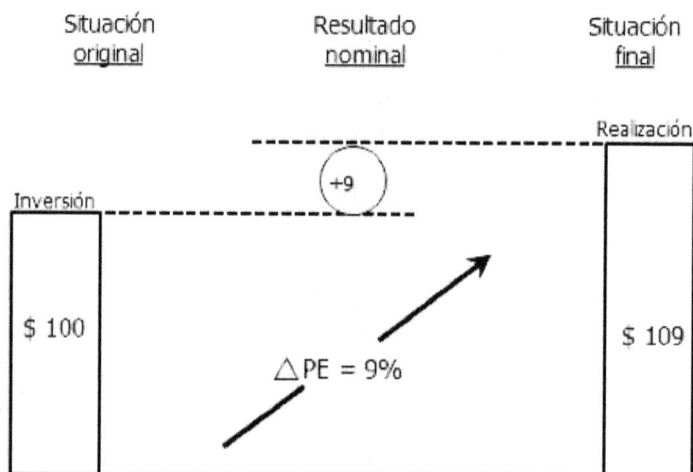

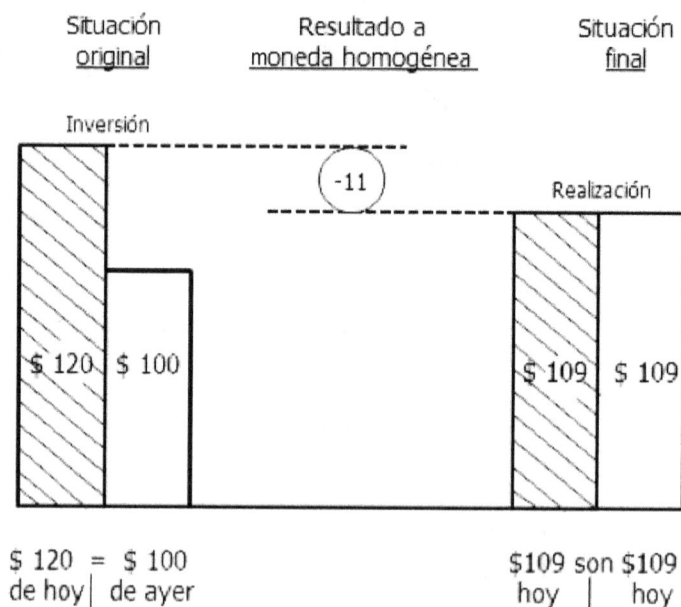

Situación
original

Resultado
nominal

Situación
final

Realización

Inversión

$+9$

$ 100

$\triangle$PE = 9%

$ 109

Situación
original

Resultado a
moneda homogénea

Situación
final

Inversión

-11

Realización

$ 120 $ 100

$ 109 $ 109

$ 120 = $ 100
de hoy | de ayer

$109 son $109
hoy | hoy

$\triangle$ NGP = 20%

ALTERNATIVA C

Situación original	Resultado nominal	Situación final

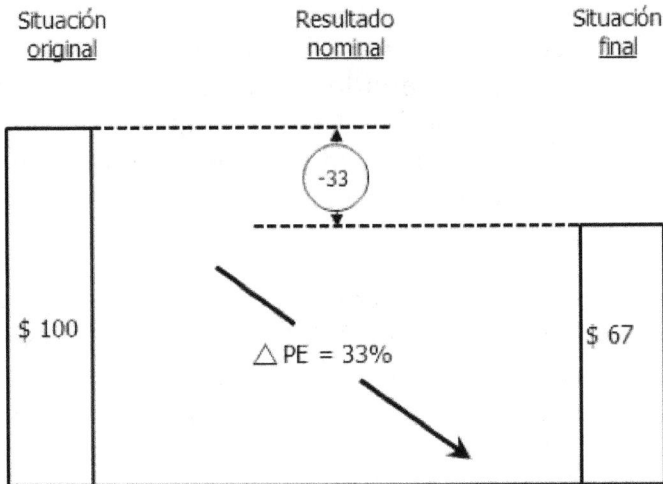

$$\triangle PE = 33\%$$

$ 100   -33 $ 67

Situación original	Resultado a moneda homogénea	Situación final

Inversión

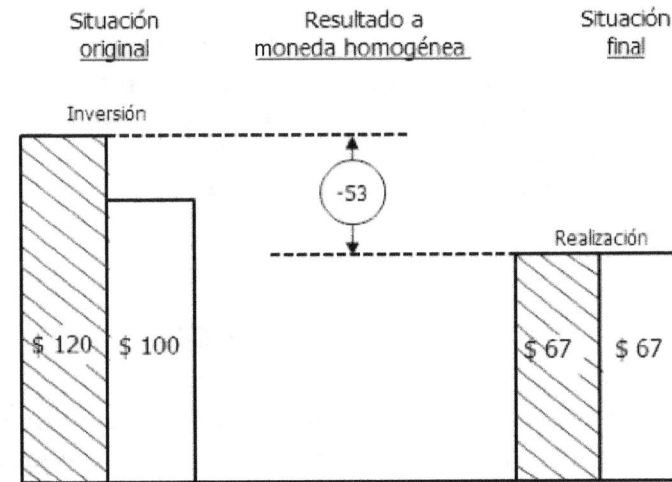

-53

Realización

$ 120 $ 100 $ 67 $ 67

| $ 120 = $ 100 | | $ 67 son $ 67 |
| de hoy | de ayer | hoy | hoy |

$$\triangle NGP = 20\%$$

En conclusión:

RMH $= \triangle$PE $- \triangle$NGP

RMH ALT A $= 50 - 20 = 30$

RMH ALT B $= 9 - 20 = -11$

RMH ALT C $= -33 - 20 = -53$

Cuentas en moneda extranjera y cuentas indexables

Las cuentas en moneda extranjera, si bien son monetarias, se comportan como las no monetarias, en el sentido de que tienen $\triangle$ PE, dada por la cotización o tipo de cambio aplicable. Claro está que si el tipo de cambio se manifiesta fijo, una cuenta en moneda extranjera equivale a una cuenta en moneda del país. Pero esto ocurre con cualquier activo o pasivo no monetario cuyo precio se mantenga fijo.

Para ilustrar lo antedicho, pueden extrapolarse los ejemplos vistos en la sección anterior al caso de disponibilidades en moneda extranjera, suponiendo que las alternativas A, B y C se refieren a distintas cotizaciones de $ 150, $ 109 y $ 67, respectivamente. Las diferencias de cambio en moneda nominal de $ 50, $ 9 y $ -33 se convierten en diferencias de cambio en moneda homogénea de $30, $ -11 y $ -53; vale decir que éstas son netas de la tasa de inflación de 20%.

Si, por otra parte, la cuenta en moneda extranjera devenga intereses, a la diferencia de cambio en moneda homogénea corresponde agregarle los intereses. Si en el ejemplo citado reemplazamos disponibilidades por un crédito que devenga un interés de 15%, el resultado neto de cada una de las tres alternativas sería $ 45 (15+30), $ 4 (15-11) y $ -38 (15-53).

En resumen, se cumple la fórmula:

$$RMH = \triangle PE + D - \triangle NGP$$

Cabe asimilar las cuentas indexables a cuentas en moneda extranjera adoptando el concepto de que la diferencia de cambio equivale a una indexación basada en la cotización de cierta moneda extranjera. O bien, dicho en términos más generales, que la indexación representa una $\triangle$ PE. Por consiguiente, también se cumple la fórmula señalada.

Una alternativa semántica podría ser limitar el concepto de activo o pasivo monetario a las cuentas en moneda del país, que tienen valor nominal fijo, y entonces decir que las cuentas en moneda extranjera y las indexables son no monetarias (respecto de la moneda del país) porque tienen $\triangle$ PE. En sustancia esto no afecta la fórmula indicada. Nosotros preferimos el concepto amplio enunciado más arriba porque permite un mejor enfoque de las cuentas que también podríamos denominar "financieras" y de su efecto, los resultados "financieros", conforme veremos en el próximo capítulo.

Efectos de la inflación - Resumen

Si no media inflación, la moneda nominal es también homogénea. Por consiguiente:

$$RN = RMH = \triangle\ PE + D$$

Vale decir que no juega el elemento $\triangle$ NGP. En cambio, cuando existe inflación este elemento constituye la novedad.

El resultado monetario es el efecto de $\triangle$ NGP sobre los activos y pasivos monetarios. Si se trata de cuentas en moneda del país que no devengan interés ni indexación, el único efecto es $\triangle$ NGP; o sea, la mera tasa de inflación. Si se trata de cuentas en moneda del país que devengan interés, el efecto de $\triangle$ NGP representa una reducción del interés, dando lugar a un interés neto de la inflación; pudiendo la inflación superar el interés, en cuyo caso se habla de interés negativo. Algo similar ocurre si la cuenta es indexable. Si se trata de una cuenta en moneda extranjera, el efecto de $\triangle$ NGP constituye una reducción o un aumento de la diferencia de cambio; a lo cual corresponde agregar un interés o la indexación, si la cuenta en moneda extranjera tuviese alguno de estos devengamientos.

En el caso de los activos y pasivos no monetarios, el efecto de $\triangle$ NGP significa un ajuste del valor original. Y, en la medida en que se reconozca el elemento $\triangle$ PE, ya sea como resultado por tenencia o por la liquidación del activo o del pasivo, dicho ajuste pasa a ser una reducción o un aumento, según corresponda, del $\triangle$ PE.

CAPÍTULO 5

AJUSTE DE LOS ESTADOS CONTABLES. ASPECTOS FUNDAMENTALES

En los dos capítulos anteriores desarrollamos sendos conceptos fundamentales que son válidos por sí mismos con independencia de cualquier marco contable:

> ➤ En el Capítulo 3 explicamos con carácter general el mecanismo de conversión a moneda homogénea. Este mecanismo consiste en convertir valores nominales, correspondientes a expresiones monetarias de distintas fechas, a equivalentes en moneda de poder adquisitivo de una misma fecha.

> ➤ En el Capítulo 4 observamos la determinación del resultado empleando dicho mecanismo, por oposición al resultado calculado en función del valor nominal de la moneda. Esto implicó examinar el comportamiento de los activos y pasivos frente a los cambios en los precios, lo cual nos llevó a su clasificación en monetarios y no monetarios.

Por otra parte, en el Capítulo 1 señalamos que el problema contable de la medición combina dos cuestiones diferentes:

> ➤ Una versa sobre el criterio de medición.
> ➤ La otra, sobre la unidad de medida.

Entonces aclaramos que:

➢ Los cambios en los precios específicos atañen a las alternativas acerca de los criterios de medición (costo histórico *vs.* valor corriente, etc.).

➢ En tanto que los cambios en el nivel general de precios corresponden a la cuestión referente a la unidad de medida.

Lo antedicho podemos representarlo gráficamente por medio de una matriz:

		UNIDAD DE MEDIDA (Cuestión relativa a los cambios en el nivel general de precios)	
		1 MONEDA NOMINAL	2 MONEDA HOMOGÉNEA
CRITERIO DE MEDICIÓN (Cuestión relativa a los cambios en los precios específicos)	A VALORES HISTÓRICOS	A1	A2
	B VALORES CORRIENTES	B1	B2

En este capítulo examinaremos la conversión a moneda homogénea de estados contables expresados en moneda nominal, cualquiera sea el criterio de medición utilizado. En otras palabras, y recurriendo a la matriz precedente:

> DADOS A1 o B1, CÓMO LOGRAR A2 o B2, RESPECTIVAMENTE,
> PERO SIN MODIFICAR EL CRITERIO A o B.

La esencia del proceso podemos representarla de la siguiente manera:

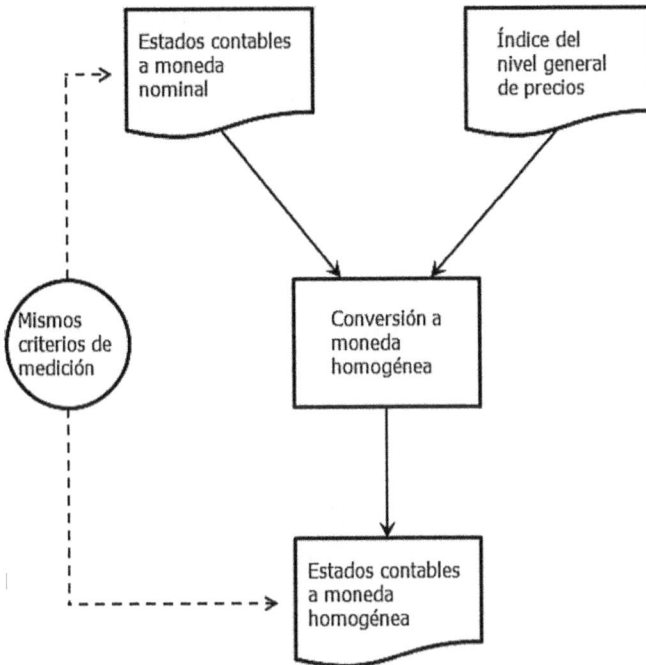

Convencionalmente, utilizamos la expresión "ajuste por inflación" para caracterizar a la conversión en moneda homogénea, porque preferimos usar la palabra que representa el fenómeno causal del ajuste. Pero también es correcto emplear otras expresiones, como ser "ajuste por nivel general de precios", que significan lo mismo.

El ajuste por inflación de los estados contables comprende cuatro aspectos fundamentales que trataremos a continuación:

I. La conversión a moneda de cierre de los saldos de las cuentas ajustables (aquellas que están expresadas en una moneda distinta a la moneda de cierre).

II. El reconocimiento de los resultados monetarios.

III. El recálculo de los resultados por tenencia.

IV. La conversión a "moneda posterior" de estados contables a una fecha dada, para su comparación con estados contables posteriores o por otro motivo.

La conversión indicada en I la examinaremos en las siguientes secciones:

➤ "Ajuste de las cuentas a los fines de su conversión a moneda de cierre".

➤ "Procedimiento de ajuste del saldo de cada cuenta".

➤ "Alternativa en cuanto a la moneda a emplear para convertir el estado de resultados".

El reconocimiento de los resultados monetarios señalado en II lo veremos en estas otras secciones:

➤ "Esquema básico para la determinación de los resultados monetarios".
➤ "Elaboración del estado de cambios en la posición monetaria".

En sendas secciones adicionales trataremos los aspectos enunciados en III y IV.

Ajuste de las cuentas a los fines de su conversión a moneda de cierre

En general, el ajuste por inflación se plantea con relación a los estados contables a una fecha dada. Entonces, es natural que se elija como moneda de cuenta aquella correspondiente a la fecha de cierre de los estados contables, a la que llamamos "moneda de cierre". En los párrafos siguientes trabajaremos de acuerdo con esta hipótesis, aunque posteriormente introduciremos algunas variaciones.

La conversión a moneda de cierre implica el ajuste de aquellas partidas expresadas en moneda nominal, cuando ésta no concuerda con la moneda de cierre. Vale decir que para cada partida es preciso definir si ella ya está expresada o no en moneda de cierre. Si la respuesta es positiva, no cabe el ajuste de la propia partida (pero sí corresponde contemplar efectos colaterales). Por el contrario, si la respuesta es negativa, el ajuste consiste precisamente en expresar la partida en moneda de cierre.

La respuesta depende básicamente de dos factores: el tipo de cuenta de que se trate (monetaria o no monetaria) y el criterio de medición aplicado. En este orden de cosas, ya podemos anticipar las pautas siguientes:

A. Los activos y pasivos monetarios están expresados en moneda de cierre. En consecuencia, no se ajustan. Los que tienen valor nominal fijo de hecho siempre están expresados en moneda de cierre. Y las cuentas en moneda extranjera y las indexables normalmente están actualizadas a moneda de cierre, como consecuencia del criterio de medición aplicado.

B. Los activos y pasivos no monetarios medidos a su valor corriente a la fecha del balance ya están expresados en moneda de cierre. Por consiguiente, tampoco se ajustan.

C. En cambio, los activos no monetarios medidos al costo histórico no están expresados en moneda de cierre. Ergo, deben ajustarse. Cabe señalar que los pasivos no monetarios normalmente están actualizados a moneda de cierre, como consecuencia del criterio de medición aplicado.

D. Por último, las demás cuentas (de capital invertido y de resultados del período) representan acumulaciones de expresiones monetarias de diferentes fechas de origen, en general distintas de la fecha de cierre. Por lo tanto, deben ajustarse.

Con respecto a estas últimas cuentas, cabe una disquisición terminológica que es válido resolver en forma convencional. Puede sostenerse que la clasificación entre monetarios y no monetarios es aplicable exclusivamente con respecto a los activos y pasivos, y no con relación a las cuentas de patrimonio neto y de resultados; estas cuentas serían una especie de tercera categoría fuera de aquella clasificación. En sustancia, no tiene sentido plantear la pregunta de si tienen un valor nominal fijo o un precio potencialmente cambiante, porque las cuentas de patrimonio neto y de resultados representan, de hecho, historia cerrada. Sin embargo, la mayoría de los textos han clasificado dichas cuentas directamente como no monetarias, por cuanto son ajustables al igual que ciertos activos no monetarios. Por razones de practicidad nosotros aceptamos esta última posición terminológica.

Podemos resumir los párrafos precedentes en el cuadro sinóptico que sigue:

Cuentas
- Monetarias - Activos y pasivos ⟶ No se ajustan
- No monetarias
  - Activos y pasivos a valor corriente ⟶ No se ajustan
  - Activos al costo histórico ⟶ Se ajustan
  - Cuentas de capital invertido y de resultados del período ⟶ Se ajustan

Hechas las aclaraciones generales precedentes, pasemos ahora a examinar cómo opera el mecanismo de conversión.

A. Activos y pasivos monetarios

Los saldos de estas cuentas no se ajustan por cuanto ya están expresados en moneda de cierre. Pero deben reconocerse en el estado de resultados las pérdidas o ganancias ocasionadas por su mantenimiento, conforme lo indicamos en el Capítulo 4.

B. Activos y pasivos no monetarios medidos a valor corriente

Los activos y pasivos no monetarios medidos a su valor corriente a la fecha de cierre ya están expresados en moneda de cierre. Por lo tanto, no se ajustan. Sin embargo, debe computarse el ajuste del valor original o valor anterior que sirvió de plataforma para la determinación del resultado por tenencia incluido en el estado de resultados. Más adelante, en la sección titulada "Recálculo de los resultados por tenencia", damos un ejemplo al respecto.

C. Activos no monetarios medidos al costo histórico

Se debe expresar el mismo concepto, el costo histórico, pero en términos de moneda de cierre. Tomemos un ejemplo para reforzar la comprensión de este punto. Se ha adquirido un activo no monetario en $ 100 y el incremento en el nivel general de precios desde la fecha de adquisición hasta la fecha de balance fue de 30%.

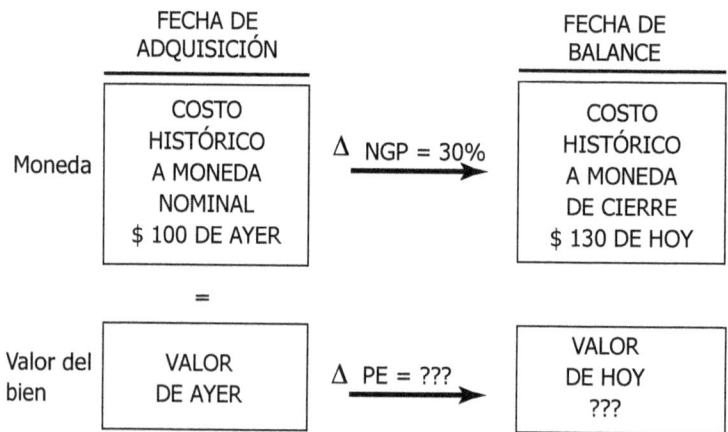

	FECHA DE ADQUISICIÓN		FECHA DE BALANCE
Moneda	COSTO HISTÓRICO A MONEDA NOMINAL $ 100 DE AYER	Δ NGP = 30% →	COSTO HISTÓRICO A MONEDA DE CIERRE $ 130 DE HOY
	=		
Valor del bien	VALOR DE AYER	Δ PE = ??? →	VALOR DE HOY ???

El ajuste por inflación eleva la expresión monetaria a $ 130. Esto solo quiere decir que el activo costó el equivalente de $ 130 de hoy. No pre-

tende significar, de manera alguna, lo que el activo vale hoy. Podría valer
$ 140 o $ 120, según haya fluctuado su precio específico. Repetimos: se
mantiene el criterio de medición, el costo histórico, pero expresado en
moneda de cierre.

Dicho ajuste no origina reconocimiento de ganancia alguna. Al contrario, si en el período siguiente se vende el activo, la ganancia por
venta se verá reducida por el monto del ajuste por inflación en comparación con la ganancia en moneda nominal. Volviendo al ejemplo,
supongamos que, inmediatamente después del balance, el activo se
vende en $ 143. Los resultados a moneda nominal y a moneda homo-
génea serían los siguientes:

	$ MONEDA NOMINAL	$ MONEDA HOMOGÉNEA
Venta	143	143
Costo de venta	100	130
Ganancia	43	13

Nótese que, si se vende un activo, el valor que tenía asignado en el balance inmediatamente antes de la venta configura a renglón seguido el
costo de ventas que se carga de resultados.

Después de calculado el ajuste del costo histórico de un activo, debe
verificarse si el importe resultante no supera el respectivo valor recuperable. En otras palabras, se replantea la clásica norma denominada
de "costo o mercado, el menor"; pero ahora la comparación se hace a
moneda homogénea. Si el costo histórico ajustado supera el límite del
valor recuperable, debe reducirse la medición a este límite y reflejarse la
pérdida correspondiente. Retomando el ejemplo empleado más arriba,
pero dejando de lado la venta en $ 143 supuesta en el apartado anterior,
imaginemos dos posibilidades distintas en cuanto al valor recuperable:

  ➢ Una que es $ 140.
  ➢ Otra que es $ 120.

En el primer caso se mantiene el costo histórico ajustado por inflación
de $ 130. En el segundo caso se debe reducir la medición a $ 120, refle-

jándose una pérdida por desvalorización del activo de $ 10 (computada a moneda homogénea). La vigencia de la norma de "costo o mercado, el menor" coincide justamente con la caracterización que hemos hecho del ajuste por inflación: pretende corregir la unidad de medida, mas no altera los criterios de medición. Se respeta dicha norma, pero en función del costo histórico expresado en moneda de cierre (el otro término de la comparación, el valor recuperable o de mercado, de hecho, está expresado en moneda de cierre).

D. Capital invertido y resultados del ejercicio

El capital invertido (capital aportado y resultados acumulados) se ajusta para convertirlo a moneda de cierre. Vale decir que al cómputo nominal de dicho capital se le adiciona una especie de reserva para cubrir el efecto de la tasa de inflación sobre ese capital.

El ajuste del estado de resultados comprende tres efectos, que trataremos en las secciones siguientes:

1. La conversión a moneda de cierre de los saldos expresados en moneda nominal.
2. El reconocimiento del resultado monetario.
3. El recálculo de los resultados por tenencia.

Procedimiento de ajuste del saldo de cada cuenta

En la sección inmediata anterior identificamos las cuentas ajustables, a saber:

> ➤ Los activos no monetarios medidos al costo histórico.
> ➤ El capital invertido y las cuentas de resultados del ejercicio.

En general, el procedimiento de ajuste de cada una de dichas cuentas es el siguiente:

1. Anticuación de las partidas componentes de los saldos, tema que desarrollaremos a continuación.
2. Conversión de las partidas a moneda de cierre, en función de la anticuación establecida en el paso precedente y de acuerdo con la metodología expuesta en el Capítulo 3.

3. Para el caso de los activos no monetarios, la consideración de que el costo ajustado no supere el valor recuperable, conforme se indicó en el punto C de la sección inmediata anterior.

La anticuación de un saldo consiste en la descomposición por momento de origen, a efectos de aplicar los respectivos coeficientes de conversión a moneda de cierre. Para clarificar este proceso comenzaremos analizando un pequeño ejemplo referente a la cuenta de capital aportado:

	Importes originales $
Inversión original del 30/4/20X1	1.000
Aporte adicional del 28/3/20X3	1.500
Aporte adicional del 31/1/20X4	2.000
Total al 31/12/20X5	4.500

Supóngase que los coeficientes de ajuste para convertir las partidas descriptas a moneda de cierre (del 31/12/20X5) son de 3, 2 y 1,50, respectivamente. Entonces el importe ajustado se obtiene de la siguiente forma:

Momento de origen	Importes originales $	Coeficiente de conversión	Cifras ajustadas $
30/4/20X1	1.000	3,00	3.000
28/3/20X3	1.500	2,00	3.000
31/1/20X4	2.000	1,50	3.000
	4.500		9.000

Como vemos, la determinación del momento de origen de las partidas componentes de un saldo constituye la clave de su anticuación.

El momento de origen de los activos no monetarios es aquel en el que se incorporó el bien al patrimonio de la empresa, ya sea por medio del consumo de activos monetarios, de la generación de pasivos hacia terceros, del aporte de capitales en especie o del canje por otros activos no monetarios.

El origen de las cuentas de capital aportado data de la fecha en que se realizó el aporte efectivo de los bienes que integraron el capital. El momento de origen de los rubros representativos de resultados acumulados corresponde al período en que se produjeron los resultados. Veremos más adelante, en el Capítulo 6, que, al ajustar el balance general al inicio del primer ejercicio objeto de ajuste, es necesario anticuar el capital para poder convertirlo a moneda homogénea, en tanto que los resultados acumulados al inicio se calculan por diferencia, una vez determinados el activo ajustado, el pasivo ajustado y el capital aportado ajustado.

En cuanto a las ventas y demás cuentas de ingresos, el momento de origen es aquel en que se efectuó la venta o se devengó el ingreso.

Dentro de los cargos a resultados debemos distinguir: a) aquellos que representan el consumo de activos (costo de los productos y mercaderías vendidos, depreciación del activo fijo, etc.); b) los que son producto de una comparación entre dos importes que pueden estar expresados en monedas de distinto momento (desvalorización de un activo producto de la comparación con el valor recuperable); y c) los demás cargos.

El momento de origen de los primeros es el de la adquisición del activo consumido o desvalorizado, y no el de la fecha del cargo a resultados en sí; por ejemplo, el origen de la depreciación del activo contabilizada en el mes actual no es, valga la paradoja, el mes actual, sino que data de la fecha de adquisición de los activos que generan la depreciación, la cual bien puede remontarse a años anteriores. Para la conversión de los segundos (importes que son producto de comparaciones) será necesario realizar una nueva comparación, considerando el momento de origen del activo desvalorizado, expresándolo en moneda de cierre y comparándolo con el valor recuperable que ya está expresado en moneda de cierre. Para los demás cargos a resultados, en general, el origen coincide con su devengamiento.

En términos estrictos, el ajuste de cada una de las partidas que componen las cuentas ajustables requeriría la utilización del coeficiente perteneciente al momento preciso de origen. Como los índices se elaboran mensualmente y, además, en general en la contabilidad se hacen cortes mensuales, las partidas suelen agruparse por mes. Sin embargo, para simplificar la tarea es posible agrupar las partidas por períodos mayores al mes: año, semestre, trimestre, etc.; y entonces aplicar coeficientes promedio correspondientes al período anual, semestral o trimestral, respectivamente. Como es obvio, esta agrupación brinda correcciones menos exactas, pero es admisible en la medida en que no produzca diferencias significativas en comparación con realizar una anticuación más afinada, como sería la mensual. Por ejemplo, si las ventas han sido regulares durante el año puede ser razonable incluso no hacer anticuación alguna y utilizar un solo coeficiente promedio anual; en cambio, si hay variaciones estacionales puede ser más aconsejable hacer una anticuación trimestral, bimestral o mensual para evitar errores significativos.

Para formar un coeficiente promedio normalmente no es correcto promediar coeficientes, sino que corresponde computar el cociente del índice actual sobre el promedio de los índices del período en cuestión. Supóngase la situación siguiente, que implica tasas de inflación mensual y anual de 5,95% y 100%, respectivamente.

Año	Mes	Índice	Coeficientes mensuales de conversión
I	12	100,00	2,000
II	1	105,95	1,8877
	2	112,25	1,7817
	3	118,93	1,6817
	4	126,00	1,5873
	5	133,50	1,4981
	6	141,44	1,4140
	7	149,86	1,3346
	8	158,78	1,2596
	9	168,23	1,1888
	10	178,24	1,1221
	11	188,25	1,0624
	12	200,00	1,0000
	Promedio del año III	148,45	1,4015

En este supuesto, el promedio de los coeficientes es de 1,4015, que resulta de la sumatoria de los coeficientes indicados dividido doce. En cambio, el coeficiente anual promedio adecuado es de 1,3473, y surge de lo siguiente:

$$\frac{\text{Índice actual}}{\text{Promedio de índices de origen}} = \frac{200,00}{148,85} = 1,3473$$

En general, la aplicación de coeficientes promedio requiere que el movimiento sea regular; vale decir, que no existan grandes variaciones estacionales. Depende también de la tasa de inflación: cuanto más baja sea, menos se justifica hacer afinamientos.

Alternativa en cuanto a la moneda a emplear para convertir el estado de resultados

Cuando la tasa de inflación no es muy alta, para evitar el ajuste de la mayoría de las cuentas de resultados, y sin que ello signifique una distorsión significativa, se puede proceder de la siguiente forma: en lugar de emplear la moneda de cierre como moneda de cuenta, se utiliza la que podríamos llamar "moneda promedio del año".

En este punto, conviene que recordemos la fórmula para calcular el coeficiente de conversión:

$$C = \frac{IMC}{IO}$$

En donde:
C: coeficiente de la conversión.
IMC: índice correspondiente a la moneda de cuenta.
IO: índice correspondiente al período de origen de la partida objeto de conversión.

Ahora bien, si se emplea como moneda de cuenta la que denominamos promedio del año, ocurre lo siguiente:

➤ IMC es el promedio de los índices mensuales del año.
➤ Pero este promedio corresponde también a IO para muchas cuentas de resultados, como las ventas y los gastos de administración, de comercialización y financieros, si es que se acepta una anticuación de tipo anual.
➤ En consecuencia, IMC = IO; por lo tanto, C = 1; o sea que las mencionadas cuentas no se ajustan.

En cambio, el problema del ajuste subsiste fundamentalmente con aquellas cuentas que representan el flujo de activos no monetarios al estado de resultados, típicamente el costo de los productos o mercaderías vendidos y la depreciación del activo fijo. Al respecto téngase en cuenta lo dicho en la sección anterior con referencia al momento de origen de estas cuentas: es el de la adquisición del activo en cuestión, y no el de la fecha del cargo a resultados en sí. En consecuencia, corresponde computar la inflación que media entre la adquisición y el cargo a resultados.

En otras palabras, con el arbitrio de emplear como moneda de cuenta la promedio del año, el acumulado de doce meses de muchas cuentas de resultados, de hecho, ya está expresado en tal moneda, y en consecuencia no es necesario ajuste alguno. Aclaremos que se trata de ingresos o erogaciones que han sido imputados directamente al estado de resultados, y por consiguiente el período de origen coincide con el de su imputación a resultados[1]. Para el costo de los productos o mercaderías vendidos el ajuste es una función inversa de la rotación de los inventarios; cuanto más rápida sea la rotación, menor será la permanencia de los inventarios sujeta al efecto de la inflación. En cuanto a la depreciación del activo fijo, debe tenerse en cuenta la inflación habida desde la fecha de adquisición de dichos activos hasta mediados de año.

Conviene que ilustremos con un ejemplo bien sencillo la alternativa entre emplear la moneda de cierre o la moneda promedio del año como moneda de cuenta para el estado de resultados.

Ejemplo:

COEFICIENTES

Coeficiente promedio de ajuste para convertir el costo de ventas a moneda
promedio del año (debido al efecto de la inflación sobre los inventarios)   1,05

Coeficiente promedio de ajuste para convertir la depreciación histórica
a moneda promedio del año   2,00

Coeficiente de ajuste para convertir de moneda promedio del año
a moneda de cierre   1,10

---

1 Para simplificar, en esta exposición prescindimos de examinar ciertos ingresos o erogaciones previamente imputados a utilidades diferidas o gastos anticipados, respectivamente. En muchos casos cabe omitir la consideración de tal paso previo, debido a que su efecto en el ajuste sería inmaterial.

	I Cifras expresadas en moneda nominal	II Cifras convertidas a moneda promedio del año	III Cifras convertidas a moneda de cierre
Ventas de mercadería de reventa	1.000	1.000	1.100
Costo de las mercaderías vendidas	600	630	693
Depreciación del activo fijo	100	200	220
Gastos de administración, de comercialización y financieros	220	220	242
Total costos y gastos	920	1.050	1.155
Subtotal ganancia (pérdida)	80	(50)	(55)
Ganancia monetaria neta (datos supuestos directamente)	-	30	33
Ganancia (pérdida) neta	80	(20)	(22)

Nótese que entre las columnas I y II media una modificación sustancial: cambia el margen de ganancia bruta (ventas menos costo de ventas). Se pasa de una ganancia neta de 8% de las ventas a una pérdida neta de 2%, etc. Por el contrario, entre las columnas II y III no existe diferencia de sustancia; ambas "dicen lo mismo"; los saldos de las cuentas guardan las mismas proporciones.

Esquema básico para la determinación de los resultados monetarios

En el capítulo anterior vimos que los activos y pasivos monetarios generan por un lado resultados nominales (intereses, diferencias de cambio, etc.) y por otro lado resultados monetarios. Los primeros ya están registrados por la contabilidad en moneda nominal; no así los segundos, que sí reconoce el ajuste por inflación. Esto lleva al problema práctico de calcular las pérdidas y ganancias monetarias que ocasiona el mantenimiento de activos y pasivos monetarios durante el ejercicio.

En el citado capítulo dimos ejemplos que demuestran claramente cómo la tenencia durante un período de un monto constante de activo o pasivo monetario ocasiona el resultado monetario de acuerdo con dicha fórmula. Pero, obviamente, el cálculo de los resultados monetarios de un ejercicio es más complicado porque, habitualmente:

> ➤ La entidad tiene simultáneamente diversos activos y pasivos monetarios.
> ➤ Su monto cambia en forma permanente.

El primer aspecto puede simplificarse convencionalmente recurriendo al concepto de "posición monetaria neta", que corresponde a la diferencia entre todos los activos y pasivos monetarios. Si en un momento dado los primeros superan a los segundos se dice que hay "activo monetario neto"; y si, por el contrario, los segundos suman más que los primeros, se habla de "pasivo monetario neto". Claro está que, cuando el cómputo se limita a trabajar con la posición monetaria neta, lo único que puede arrojar es un resultado monetario neto. Lógicamente, para un análisis de éste se requiere el desglose de aquélla.

Desde el punto de vista del cómputo del resultado monetario, trabajar con una posición monetaria neta es lo mismo que hacerlo con un activo o pasivo monetario singular. De todos modos, el segundo aspecto inherente al cambio de la posición monetaria demanda un procedimiento de cálculo. En los párrafos siguientes trataremos de ilustrar tal procedimiento.

Toda evolución dinámica de una posición monetaria puede reducirse a tres elementos que comprenden una ecuación:

1. La posición inicial
2. Más (Menos) - El cambio neto
3. Igual - La posición final

(Y conocidos el primer elemento y el tercero, en el peor de los casos, el segundo puede obtenerse por diferencia entre aquéllos.)

Si se parte de estos tres elementos, el resultado monetario ocasionado por el mantenimiento de una posición monetaria cambiante durante un espacio de tiempo es susceptible de calcularse sobre la base del esquema siguiente:

> Posición inicial en moneda nominal convertida a moneda de cierre /*Realidad* de entonces expresada en moneda actual.
>
> Más (Menos) - Cambio neto (por las operaciones del período) en moneda nominal convertida a moneda de cierre /*Entrada* (o *salida*) real en su momento expresada en moneda actual.
>
> Subtotal - Riqueza que debería poseerse (o deberse) para que no mediase pérdida o ganancia a moneda homogénea.
>
> Menos - Posición final ya expresada en moneda de cierre /*Realidad* actual.
>
> Igual a - Resultado monetario.

En los párrafos siguientes examinaremos cómo puede manejarse este esquema. Para facilitar su comprensión, presentaremos varias situaciones hipotéticas, yendo de la más simple a la más complicada, y cada situación la acompañaremos de un ejemplo ilustrativo.

Comencemos entonces con la situación más simple: no existe cambio neto en moneda nominal; la posición inicial y la final son iguales. Tomemos un ejemplo:

DATOS:

Posición inicial	$ 1.000
Cambio del período	no hubo
Posición final	$ 1.000
Índices aplicables	
Momento inicial	500
Momento final	900

CÁLCULO DEL RESULTADO MONETARIO:

	Moneda nominal	Coeficiente de conversión	Moneda de cierre
Posición inicial	1.000	(*) 1,8	1.800
Posición final	1.000	1,0	1.000
Resultado monetario	-		800

(*) 900 ÷ 500

Un coeficiente de conversión de 1,8 equivale a una tasa de inflación (Δ NGP) de 80%. Se puede llegar al mismo resultado aplicando esta tasa directamente sobre la posición en moneda nominal.

Veamos ahora una situación ligeramente más compleja: existe cambio neto, pero éste corresponde a una sola operación. Sigamos con el ejemplo propuesto para ilustrar la situación más simple, pero agregando esta vez los datos inherentes a la complicación incremental.

DATOS ADICIONALES:

Cambio neto (incremento) del período / una sola operación	$100
Posición final	$1.100
Índice aplicable al momento de dicha operación	600

CÁLCULO DEL RESULTADO MONETARIO:

	Moneda nominal	Coeficiente de conversión	Moneda de cierre
Posición inicial	1.000	1,8	1.800
Cambio neto	100	(*) 1,5	150
Subtotal	1.000		1.950
Posición final	1.100		1.100
Resultado monetario	-		850

(*) 900 ÷ 600

Un coeficiente de 1,5 equivale a una tasa de inflación (Δ NGP) de 50%. Se puede calcular el mismo resultado monetario trabajando con tasas de inflación en lugar de coeficientes de conversión:

	Moneda nominal	Tasa de inflación	Efecto
Posición inicial	1.000	80%	800
Cambio neto	100	50%	50
Posición final	1.100		
Resultado monetario			850

Pasemos ahora a un grado de complicación mayor: el cambio neto está compuesto por múltiples operaciones. En este caso caben tres posibilidades:

A. Computar cada operación por separado y convertirla a moneda de cierre de acuerdo con su momento de origen.

B. Trabajar exclusivamente con el neto del cambio, prescindiendo por completo de su análisis, y asumir una sola antigüedad promedio para dicho cambio.

C. Adoptar un procedimiento intermedio entre A y B.

Desde el punto de vista conceptual, la ejecución de A no plantea problema adicional alguno en comparación con el caso de una sola operación de cambio que vimos anteriormente. La diferencia estriba en una cuestión meramente cuantitativa: aumento del número de operaciones. Pero precisamente este aumento hace que el procedimiento indicado en A habitualmente sea demasiado detallado y, por lo tanto, impráctico.

La simplificación indicada en B es válida como estimación global en tanto no produzca resultados muy distorsionados en comparación con un cálculo más afinado. Retomemos los datos iniciales del ejemplo considerado más arriba, pero suponiendo un cambio neto originado por múltiples operaciones ocurridas a lo largo del período:

DATOS ADICIONALES:

Cambio neto (incremento) del período / múltiples operaciones	$300
Posición final	$1.300
Promedio de índices del período	720

CÁLCULO DEL RESULTADO MONETARIO:

	Moneda nominal	Coeficiente de conversión	Moneda de cierre
Posición inicial	1.000	1,8	1.800
Cambio neto	300	(*) 1,25	375
Subtotal	1.300		2.175
Posición final	1.300		1.300
Resultado monetario	-		875

(*) 900 ÷ 720 = 1,25

La misma estimación, empleando directamente tasas de inflación, sería así:

	Moneda nominal	Tasa de inflación	Efecto
Posición inicial	1.000	80%	800
Cambio neto	300	25%	75
Posición final	1.300		
Resultado monetario			875

La estimación efectuada supone tácita o implícitamente que el cambio neto se fue produciendo gradualmente en forma pareja durante el período. Sobre esta base es razonable emplear un coeficiente promedio (en el ejemplo, 1,25). Si partiésemos de hipótesis completamente distintas el resultado sería bastante diferente. Siguiendo con el ejemplo:

➤ Si el cambio se hubiese producido totalmente al inicio del período, el coeficiente aplicable al cambio se aproximaría a 1,8; caso en el cual el resultado monetario alcanzaría a $ 1.040 ($ 800 más el 80% de $ 300).

➤ En el otro extremo, si el cambio hubiese ocurrido completamente al final del período, el coeficiente a emplear respecto del cambio coincidiría virtualmente con la unidad; y entonces el resultado monetario sería de $ 800 (solo el efecto de la posición inicial, ya que la tasa aplicable al cambio sería cero por ciento).

Cualquier procedimiento intermedio entre A y B significa que:

➤ Se hace cierto análisis del cambio neto que va más allá del enfoque simplista de considerarlo como una sola partida sujeta a un coeficiente promedio.

➤ Pero el análisis no va tan lejos como trabajar operación por operación.

Ello implica, de una manera u otra, la agrupación de operaciones en función de pautas determinadas. En este orden de cosas cabe ubicar al estado de cambios en la posición monetaria que explicaremos en la sección siguiente.

Elaboración del estado de cambios en la posición monetaria

A fin de facilitar la comprensión del estado de cambios en la posición monetaria es conveniente comenzar por la clasificación de operaciones en monetarias y no monetarias.

Llamamos operaciones monetarias a aquellas en las que interviene por lo menos una cuenta monetaria. Las operaciones monetarias incluyen, por un lado, las que podríamos llamar operaciones monetarias puras, que son aquellas en las que tanto el débito como el crédito corresponde a una cuenta monetaria (por ejemplo, la cobranza de un crédito o el pago de una deuda monetaria), y por otra parte las que podríamos llamar operaciones monetarias mixtas, que son las que afectan un rubro monetario con contrapartida en un rubro no monetario, o viceversa. Estas últimas, a su vez, incluyen las operaciones monetarias mixtas que afectan cuentas patrimoniales, como por ejemplo una compra de maquinarias, en donde se origina una deuda (cuenta monetaria) o se consumen disponibilidades (también cuenta monetaria); y las operaciones monetarias mixtas que afectan cuentas de resultados, como por ejemplo una venta de mercaderías que genera una partida a cobrar o disponibilidades (ambos activos son monetarios).

Por otra parte, denominamos operaciones no monetarias a aquellas en las que no participa cuenta monetaria alguna; por ejemplo, la depreciación del activo fijo, porque tanto la disminución del valor del activo en sí como el correspondiente cargo a resultados afectan cuentas no monetarias; lo mismo ocurre con el costo de las mercaderías o productos vendidos. Se consideran como no monetarias solo las operaciones que representan consumos de activos. El resto de las posibles operaciones no monetarias, como ser un aporte de capital mediante la entrega de un activo fijo o el pago de dividendos en especie entregando, por ejemplo, bienes de cambio, siempre pueden desdoblarse en dos o más operaciones monetarias mixtas. Un ejemplo: el aporte de un activo fijo puede considerarse como el aporte de dinero por un lado y la aplicación de ese dinero a la adquisición de un activo fijo.

De acuerdo con estas definiciones, las operaciones que pueden afectar la posición monetaria neta son las operaciones monetarias mixtas.

Obviamente, las cuentas monetarias solo acumulan operaciones monetarias. Pero las cuentas no monetarias –y esto es lo que aquí interesa, como se verá en los párrafos siguientes– se ven afectadas por operaciones tanto monetarias como no monetarias.

A continuación se ofrece un cuadro que trata de resumir lo antedicho.

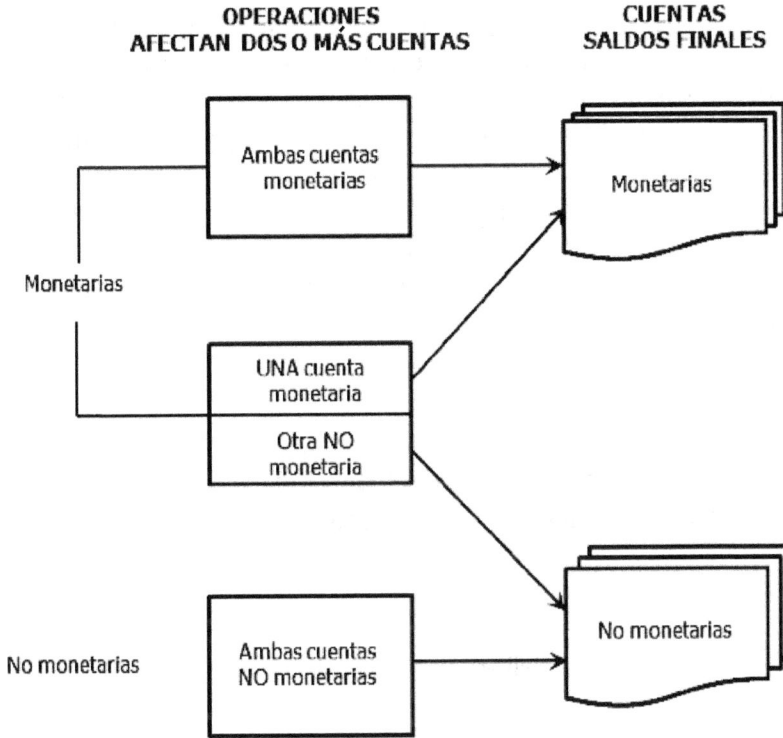

OPERACIONES AFECTAN DOS O MÁS CUENTAS	CUENTAS SALDOS FINALES
Ambas cuentas monetarias	Monetarias
Monetarias	
UNA cuenta monetaria / Otra NO monetaria	
No monetarias / Ambas cuentas NO monetarias	No monetarias

Cabe resaltar que esta clasificación de las operaciones no modifica en absoluto la diferenciación hecha previamente de cuentas entre monetarias y no monetarias; muy por el contrario, ambas clasificaciones se integran entre sí. Por ejemplo, la cuenta de ventas constituye un rubro no monetario (por lo tanto, ajustable); sin embargo, en general solo es impactada por operaciones monetarias porque su contrapartida natural es un ingreso de disponibilidades o el nacimiento de una cuenta por cobrar. Asimismo, el activo fijo es un rubro no monetario, pero las compras que componen su saldo representan operaciones monetarias porque consumieron disponibilidades o generaron una deuda.

Teniendo como punto de referencia la clasificación precedente de operaciones en monetarias y no monetarias, pueden determinarse fácilmente los conceptos que componen un estado de cambios en la posición monetaria. En efecto, se trata de recorrer las cuentas no monetarias de los estados contables y establecer esos conceptos. Para ciertas cuentas no monetarias su saldo representa totalmente un acumulado de operaciones monetarias; por ejemplo, las ventas y los gastos de comercialización, administración y financieros del estado de resultados. Para otras cuentas, en cambio, es preciso cierto análisis adicional para desglosar las operaciones monetarias; por ejemplo, distinguir las adiciones de activo fijo, las compras y gastos cargados a los inventarios, los dividendos en efectivo, un aporte de capital, etc. Habitualmente, la totalidad o por lo menos la mayoría de esta información puede obtenerse directamente de los propios estados contables (estado de cambios en la posición financiera, anexos, notas, etc.). De acuerdo con lo antedicho, se elabora la base del estado de cambios en la posición monetaria, que puede ser la siguiente:

	Moneda nominal
Activo (pasivo) monetario neto al inicio del ejercicio	xxx
Más (menos) – Operaciones monetarias mixtas del período:	
Que afectan las cuentas de resultados: Ventas	xxx
Gastos de comercialización, administración y financieros	xxx
Otros ingresos y egresos	xxx
Impuesto a las ganancias	xxx
Otras	xxx
Que afectan las cuentas patrimoniales: Compras y gastos cargados a los inventarios	xxx
Adiciones de activo fijo	xxx
Dividendos en efectivo	xxx
Aportes de capital	xxx
Otras	xxx
Activo monetario neto al cierre del ejercicio	xxx

Con lo anterior no se pretende significar, insistimos, que las cuentas de ventas, compras, gastos, etc., son monetarias. Lo que se quiere evidenciar es que las ventas (cuenta acreedora no monetaria) proveyeron $ xxx de activo monetario neto (débito); que los gastos (cuenta deudora no monetaria) consumieron $ xxx de activo monetario neto, etc. La técnica es similar a la de elaboración de un estado de cambios en la posición financiera o un estado de flujo de efectivo, en donde paradójicamente se determinan los conceptos que originaron las variaciones en el capital de trabajo o en el efectivo a través del análisis de las cuentas que no componen el capital de trabajo ni el efectivo.

Una vez compuesto el movimiento monetario, se determina la pérdida o ganancia monetaria aplicando a cada concepto el mismo coeficiente empleado para el ajuste de la respectiva cuenta no monetaria. Por ejemplo, si la cuenta Ventas se ajustó de $ 1.000 a $ 1.218, este último importe es el que se computa a los efectos de determinar la pérdida monetaria. De esta manera, el estado de cambios en la posición monetaria se elabora como en el ejemplo siguiente:

EJEMPLO DE ESTADO DE CAMBIOS EN LA POSICIÓN MONETARIA

A continuación, se indican los antecedentes del ejemplo:

1. La posición monetaria al inicio y al final del año es la siguiente:

	Inicio del año $	Final del año $
Activo monetario		
Disponibilidades	3.000	4.000
Cuentas a cobrar	30.000	40.000
	33.000	44.000
Pasivo monetario		
(deudas, etc.)	28.000	18.000
Activo monetario neto	5.000	26.000

2. El coeficiente aplicable para convertir el activo monetario neto inicial a equivalentes de moneda de cierre es de 1,20 (correspondiente a una inflación anual de 20%).

3. Del análisis de cuentas no monetarias surgen las siguientes operaciones monetarias mixtas ocurridas durante el ejercicio, que componen el incremento de activo monetario neto de $ 5.000 a $ 26.000:

Ventas	100.000
Compras y gastos cargados a los inventarios	(60.000)
Gastos de comercialización, administración y financieros	(20.000)
Adiciones de activo fijo	(2.000)
Dividendos en efectivo	(1.000)
Aportes de capital	4.000
	21.000

4. A los efectos de la conversión a moneda de cierre de las respectivas cuentas no monetarias, las operaciones del ejercicio señaladas en el punto anterior se trataron de la siguiente manera:

	Anticuación	Coeficiente de conversión
Ventas, compras y gastos cargados a inventarios y gastos de comercialización, administración y financieros	Media	1,10
Adiciones de activos fijo	Octubre	1,05
Dividendos	Julio	1,08
Aportes de capital	Agosto	1,07

Sobre la base de los antecedentes indicados se elabora el estado de cambios en la posición monetaria:

	Moneda nominal	Coeficientes de conversión	Moneda homogénea
Activo monetario neto al inicio del ejercicio	5.000	1,20	6.000
Más (menos) -- Operaciones monetarias del ejercicio:			
Incluidas en las cuentas de resultados			
Ventas	100.000	1,10	110.000
Gastos de comercialización, de administración y financieros	(20.000)	1,10	(22.000)
Incluidas en las cuentas patrimoniales			
Compras y gastos cargados a los inventarios	(60.000)	1,10	(66.000)
Adiciones de activo fijo	(2.000)	1,10	(2.100)
Dividendos en efectivo	(1.000)	1,08	(1.080)
Aportes del capital	4.000	1,07	4.280
Subtotal	26.000		29.100
Activo monetario neto al final del ejercicio	26.000		26.000
Pérdida monetaria neta	-		3.100

Dicho estado puede presentarse también de la siguiente manera:

	Moneda nominal	Tasa de inflación %	Efecto monetario Pérdida (Ganancia)
Activo monetario neto al inicio del ejercicio	5.000	0,20	1.000
Más (menos) -- Operaciones monetarias del ejercicio:			
Incluidas en las cuentas de resultados			
Ventas	100.000	0,10	10.000
Gastos de comercialización, de administración y financieros	(20.000)	0,10	(2.000)
Incluidas en los rubros patrimoniales			
Compras y gastos cargados a los inventarios	(60.000)	0,10	(6.000)
Adiciones de activo fijo	(2.000)	0,05	(100)
Dividendos en efectivo	(1.000)	0,08	(80)
Aportes del capital	4.000	0,07	280
Activo monetario neto al final del ejercicio	26.000		
Pérdida monetaria neta			3.100

Recálculo de los resultados por tenencia

Anteriormente, en este mismo capítulo, señalamos que los activos y pasivos no monetarios contabilizados a su valor corriente no se ajustan, pero corresponde ajustar el respectivo resultado por tenencia, a fin de recalcularlo en términos de moneda homogénea. Por ejemplo, supongamos la siguiente situación correspondiente a un activo no monetario adquirido durante el período:

> ➤ Valor corriente al cierre del período $ 500
> ➤ Costo histórico $ 400
> ➤ Ganancia por tenencia en moneda nominal
>   (incremento en el precio específico de 25%) $ 100
> ➤ Coeficiente de ajuste del costo histórico (tasa de inflación del 10%) 1,1
> ➤ Ajuste del costo histórico $ 40
> ➤ Ganancia por tenencia en moneda homogénea ($ 100 menos $ 40) $ 60

Hay que tener en cuenta que los resultados por tenencia pueden estar originados por la aplicación de valores corrientes a fechas anteriores a la de cierre. En este caso corresponde convertir no solo el valor original o anterior, sino también el propio valor corriente.

Conversión a moneda posterior

"Moneda posterior" respecto de un estado contable determinado es aquella correspondiente a una fecha ulterior a la de cierre del propio estado. Los estados contables se suelen convertir a moneda posterior porque ha transcurrido cierto tiempo desde su emisión, y "aquella misma realidad" desea reexpresarse en moneda actual, generalmente a los fines comparativos con los estados contables actuales.

Si los estados en cuestión ya fueron ajustados en su oportunidad, la conversión a moneda posterior entraña simplemente multiplicar todos los saldos por una constante: el coeficiente representativo de la inflación habida entre la fecha de la moneda a la que estaban convertidos los estados y la fecha posterior. Esto se tratará de ilustrar en el ejemplo que sigue:

EJEMPLO DE BALANCE AL 31/12/20X4:

	Moneda nominal	Cifras ajustadas a moneda de cierre (del 31/12/20X4)
Activos monetarios	300	300
Activos no monetarios (Valuados al costo histórico)	1.000	1.500
	1.300	1.800
Pasivos	200	200
PAtrimonio neto	1.100	1.600
	1.300	1.800

Si las cifras ajustadas a moneda del 31/12/20X4 se quieren convertir a moneda del 31/12/20X5 (por ejemplo, a efectos comparativos con el balance al 31/12/20X5), todas deben multiplicarse por el coeficiente que comprende la inflación que va desde diciembre de 20X4 a diciembre de 20X5. Suponiendo que este coeficiente es de 1,3, el balance al 31/12/20X4 convertido a moneda de un año después se determina como sigue:

	Cifras ajustadas a moneda de cierre (del 31/12/20X4)	Coeficiente de conversión	Cifras convertidas a moneda posterior (del 31/12/20X5)
Activos monetarios	300	1,3	390
Activos no monetarios	1.500	1,3	1.950
	1.800		2.340
Pasivos	200	1,3	260
Patrimonio neto	1.600	1,3	2.080
	1.800		2.340

La conversión del balance a moneda posterior no altera la sustancia de la información; simplemente se la expresa en una unidad de medida distinta. Dado que se multiplican todas las cuentas por una constante, no se modifican las relaciones entre ellas ni las demás implicancias de los estados contables.

En cambio, el ajuste primario de moneda nominal a moneda de cierre cambia significativamente la sustancia de la información: ciertos rubros se ajustan y otros no; los que se ajustan lo hacen en proporciones distintas; aparecen los resultados monetarios; cambian las relaciones entre cuentas; la ganancia neta se puede convertir en pérdida, y viceversa.

Lo antedicho puede resumirse en el gráfico que sigue:

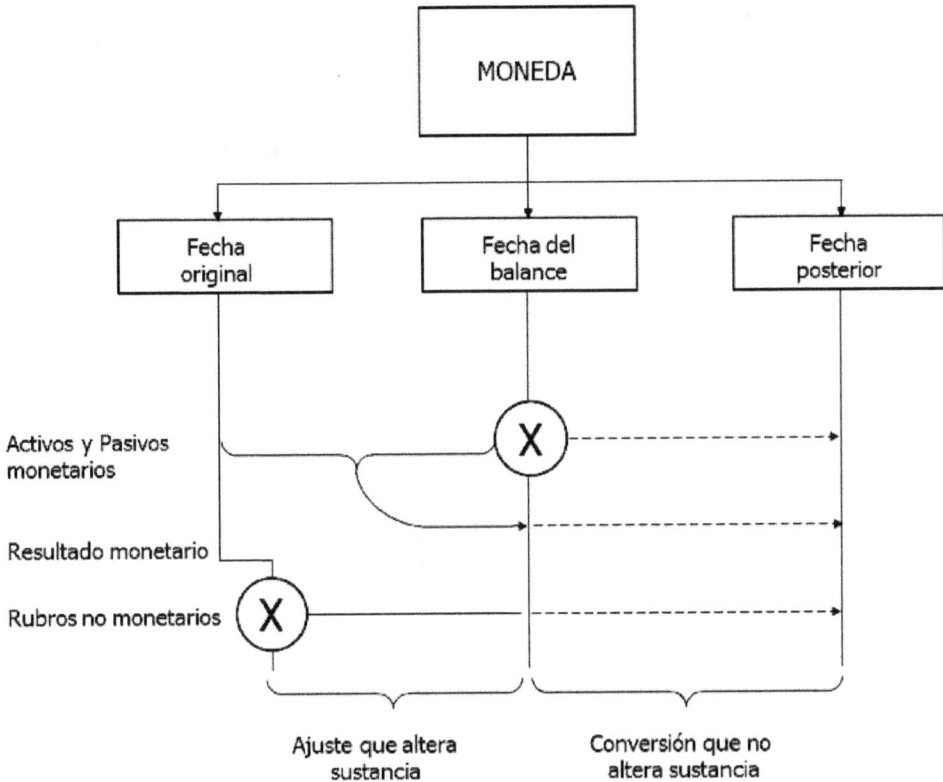

La conversión a moneda homogénea puede practicarse directamente de moneda nominal a moneda posterior. Esto podría ocurrir, por ejemplo, cuando se realiza el ajuste por primera vez, y se corrigen los estados de años anteriores a efectos comparativos con los estados del ejercicio; entonces puede ocurrir que ya no interese expresar los estados de años anteriores a equivalentes de moneda de cierre de aquel momento. Cabe señalar que tal salto directo a moneda posterior produce necesariamente idénticas cifras que el procedimiento de ajustar primero a moneda de cierre y luego convertir a moneda posterior. Esto es así por lo dicho en el Capítulo 3 con respecto a la aplicación de coeficientes, lo cual se resumió en la fórmula siguiente:

$$C_n = \frac{I1}{I0} \times \frac{I2}{I1} \times \frac{I3}{I2} \times \dots \times \frac{I(n-1)}{I(n-2)} \times \frac{In}{I(n-1)} = \frac{In}{I0}$$

Reflexiones finales sobre la naturaleza del ajuste por inflación

En los párrafos anteriores se indicó que la conversión a moneda homogénea consiste en:

I.   La conversión a moneda de cierre de los saldos de las cuentas ajustables.
II. El reconocimiento de los resultados monetarios.
III. El recálculo de los resultados por tenencia.
IV. La factibilidad de convertir todas las cuentas a moneda posterior.

Como cierre de este capítulo, vale la pena que reflexionemos acerca de la naturaleza de la conversión con referencia a los cuatro aspectos citados.

La conversión a moneda de cierre indicada en I, así como la conversión a moneda posterior señalada en IV, no significan una variación patrimonial propiamente dicha. Se procura, sencillamente, traducir igual valor en términos de una distinta unidad de medida. No surge un elemento adicional que sumar al valor anterior o restar de éste, sino que se mantiene el mismo concepto a través de una nueva expresión numérica. Para ser más gráficos, equiparemos estas correcciones con el caso de traslación de estados expresados en moneda del país a una moneda extranjera. Este caso, si bien es distinto, puede asimilarse en el aspecto que ahora consideramos. Si $ 10 se convierten en un dólar, evidentemente no se mantiene una partida de valor diez ajustada por otra de valor nueve; simplemente se trata de reemplazar $ 10 por un dólar. No tiene mayor sentido mantener separado el costo histórico del aumento computado sobre el mismo como consecuencia de la conversión a moneda homogénea.

En cambio, los resultados monetarios indicados en II responden a variaciones patrimoniales reales, originadas por el mantenimiento de activos y pasivos monetarios, ya que esto en épocas de inflación representa una disminución de valor en términos reales.

En cuanto a los resultados por tenencia referidos en III, se trata de recalcularlos computando los valores que le dan origen (el original o anterior y el corriente) en términos de moneda homogénea. De esta manera una ganancia nominal puede convertirse en una pérdida.

SEGUNDA PARTE

METODOLOGÍA DEL AJUSTE

Capítulo 6
Caso integral

Capítulo 7
Tratamiento de los resultados monetarios

Capítulo 8
Ajuste de los rubros no monetarios. Aspectos especiales

Capítulo 9
Estado de flujo de efectivo ajustado

Capítulo 10
Ajuste mensual

CASO INTEGRAL

En este capítulo vamos a encarar el proceso de convertir a moneda homogénea un juego de estados contables en moneda nominal, sobre la base de los conceptos fundamentales tratados en la primera parte del libro. Para ello emplearemos un caso integral pero bien simple, evitando mayores detalles, porque el objetivo es brindar una visión panorámica del proceso.

Comenzaremos por introducir los antecedentes del caso: los estados contables en moneda nominal objeto de ajuste (sección I) y cierta información adicional necesaria para realizar la tarea (sección II). En línea con el objetivo indicado, hemos limitado los rubros del balance general y del estado de resultados a unos pocos representativos de la problemática principal del proceso. Y hemos reducido los coeficientes aplicables y la anticuación de las partidas a un mínimo suficiente para dar una idea general del procedimiento de conversión.

En función de los antecedentes desarrollaremos el proceso de ajuste siguiendo un cierto orden, que preferimos porque nos parece más claro, pero reconocemos que pueden recorrerse otros caminos que llevan al mismo final. Primero ajustaremos el balance al inicio (sección III). Luego pasaremos al ajuste del balance de cierre, que acumula los saldos iniciales más el movimiento del ejercicio de las respectivas cuentas patrimoniales (sección IV). Esta etapa se completa con la incorporación del resultado neto del ejercicio que surge de la etapa siguiente: el ajuste del estado de resultados (sección V). A su vez, esta etapa se completa con la incorporación del resultado monetario neto proveniente del estado de cambios en la posición monetaria (sección VI).

Cada una de dichas etapas del proceso (III a VI) comienza con un resumen, en donde los saldos ajustados se determinan aplicando en el propio resumen el coeficiente correspondiente, o bien haciendo referencia a un análisis que figura en otra página.

En la sección VII agregamos ciertos controles y análisis finales que pensamos habrán de ser útiles para el lector.

Los propios resúmenes de las secciones IV (balance al cierre) y V (estado de resultados del ejercicio) constituyen los estados contables ajustados, *output* principal del proceso.

Dejaremos para los capítulos siguientes:

➤ El tratamiento de los resultados monetarios (Capítulo 7).
➤ Ciertos aspectos adicionales del ajuste de los rubros no monetarios (Capítulo 8), que decidimos tratar por separado para no distraer el objetivo del caso integral indicado en el primer párrafo.
➤ El estado de flujo de efectivo ajustado (Capítulo 9).
➤ El ajuste en ejercicios posteriores, que nos llevará al procedimiento de ajuste mensual (Capítulo 10).

En dichos capítulos, salvo el 8, seguiremos utilizando el caso empleado en este capítulo.

I. ESTADOS CONTABLES EN MONEDA NOMINAL

A. Balance general al inicio y al cierre del ejercicio

	$	
	31/12/20	31/12/21
ACTIVO		
Disponibilidades	100	50
Valores negociables	200	270
Créditos por ventas	1.000	1.500
Otros créditos	300	170
Inventarios (mercaderías de reventa)	760	850
Activo fijo	2.940	3.360
Total	5.300	6.200
PASIVO		
Proveedores locales	360	310
Cuentas a pagar en moneda extranjera	400	500
Deudas financieras	1.500	1.700
Otras deudas	130	220
	2.390	2.730
PATRIMONIO NETO		
Capital	2.000	2.600
Ganancias acumuladas	910	870
	2.910	3.470
Total	5.300	6.200

B. Estado de resultados – Año '21

	$ Ganancia (pérdida)
Ventas	6.600
Costo de ventas	(2.900)
Gastos de comercialización y administración	(800)
Depreciación del activo fijo	(1.430)
Intereses ganados (sobre créditos por ventas)	140
Ganancia por tenencia de valores negociables	70
Ganancia por venta de activo fijo	40
Pérdida de cambio	(60)
Intereses por deudas financieras	(700)
Ganancia antes de impuesto a las ganancias	960
Impuesto a las ganancias	(270)
Ganancia neta	690

C. Estado de evolución del patrimonio neto – Año '21

	Capital	Resultados acumulados	Total
Saldos iniciales	2.000	910	2.910
Dividendos pagados		(730)	(730)
Aporte de capital	600		600
Ganancia neta del ejercicio		690	690
Saldos finales	2.600	870	3.470

D. Anexo a los estados contables – Movimiento del activo fijo – Año '21

	Saldos iniciales	Adiciones	Bajas	Saldos finales
COSTO ORIGINAL				
Rodados	4.500	1.500	-	6.000
Equipamiento de oficina	2.000	800	500	2.300
	6.500	2.300	500	8.300
DEPRECIACIÓN ACUMULADA				
Rodados	3.200	1.200	-	4.400
Equipamiento de oficina	360	230	50	540
	3.560	1.430	50	4.940
	2.940	870	450	3.360

II. INFORMACIÓN ADICIONAL PARA REALIZAR EL AJUSTE

A. Coeficientes aplicables

En aras de la simplicidad, a continuación se indican directamente los coeficientes de ajuste que surgen de dividir el índice de cierre por el índice de origen.

	Coeficientes	
	Moneda de cierre 31/12/20	Moneda de cierre 31/12/21
AÑO DE ORIGEN (se prescinde de la anticuación dentro del año)		
'14	2,50	3,00
'16	2,00	2,40
'17	1,70	2,04
'19	1,30	1,56
'20	1,10	1,32

AÑO / MES DE ORIGEN	Moneda de cierre 31/12/20	Moneda de cierre 31/12/21
'20 – Septiembre	1,02	
Diciembre	1,00	1,20
'21 – Febrero		1,18
Abril		1,15
Mayo		1,13
Agosto		1,07
Octubre		1,03
Diciembre		1,00
"Media" del año		1,10

La media del año corresponde al índice de cierre dividido por el promedio de los índices mensuales del año, conforme vimos en el Capítulo 5, al final de la sección "Procedimiento de ajuste del saldo de cada cuenta". Este coeficiente es aplicable a las operaciones monetarias de resultados, en la hipótesis de que ocurrieron de manera pareja a lo largo del ejercicio, y que tal aplicación no produce diferencias significativas en comparación con una anticuación más afinada.

B. Anticuación de saldos

$

INVENTARIOS
   Antigüedad promedio basada en índice de rotación
      Inventario al inicio del ejercicio: Septiembre del año '20
      Inventario al cierre del ejercicio: Octubre del año '21

ACTIVO FIJO – COSTO ORIGINAL
   Rodados – Origen:

	$
Año '17	3.500
Año '19	1.000
Saldo al 31/12/20	4.500

	$
Adición Abril año '21	1.500
Saldo al 31/12/21	6.000
Equipamiento de oficina – Origen:	
Año '16	400
Año '20	1.600
Saldo al 31/12/20	2.000
Adición Agosto año '21	800
Baja Origen año '20 (venta Febrero año '21)	(500)
Saldo al 31/12/21	2.300

ACTIVO FIJO – DEPRECIACIÓN

Se indica en la sección siguiente

CAPITAL – Origen:

Año '14	2.000
Agosto año '21	600
	2.600

UTILIDADES ACUMULADAS

Dividendos pagados en Mayo año '21	730

OPERACIONES MONETARIAS DE RESULTADOS

Se estima que ocurrieron de manera pareja a lo largo del ejercicio

C. Depreciación del activo fijo

Los rodados y el equipamiento de oficina se deprecian 20% y 10% anual, respectivamente. Estas tasas se aplican en forma completa a partir del año del alta, inclusive, con independencia del mes de incorporación de los bienes, pero no se aplican el año de la baja.

DEPRECIACIÓN ACUMULADA AL 31/12/20

	$ Costo original	Año de origen	Tasa acumulada al 31/12/20	$ Deprec. acumulada al 31/12/20
Rodados	3.500	'17	80%	2.800
	1.000	'19	40%	400
	4.500			3.200
Equipamiento de oficina	400	'16	50%	200
	1.600	'20	10%	160
	2.000			360

DEPRECIACIÓN DEL EJERCICIO

Rodados: 20% de $ 6.000 = $ 1.200
Equipamiento de oficina: 10% de $ 2.300 = $ 230

DEPRECIACIÓN ACUMULADA DE LA BAJA (de equipamiento de oficina)

Costo original de la baja: $ 500
Año de origen del bien: '20
Depreciación acumulada 10%: $ 50

D. Otra información contable

GANANCIA POR TENENCIA DE VALORES NEGOCIABLES

	$
Valor de cotización al 31/12/21	270
Menos – Valor anterior al 31/12/20	200
Ganancia	70

Salvo dicha revaluación, no hubo movimiento durante el ejercicio

GANANCIA POR LA VENTA DE ACTIVO FIJO

	$	$
Ingreso por la venta		490
Menos – Valor residual de la baja:		
Costo original	500	
Menos – Depreciación acumulada 10%	50	450
Ganancia		40

III. AJUSTE DEL BALANCE AL INICIO

A. Resumen

	$ Moneda nominal	Coeficiente o ref.	$ Moneda de cierre (31/12/20)
ACTIVO			
Disponibilidades	100		100
Valores negociables	200		200
Créditos por ventas	1.000		1.000
Otros créditos	300		300
Inventarios (mercaderías de reventa)	760	1,02	775
Activo fijo	2.940	III B	3.954
Total	5.300		6.329
PASIVO			
Proveedores locales	360		360
Cuentas a pagar en moneda extranjera	400		400
Deudas financieras	1.500		1.500
Otras deudas	130		130
	2.390		2.390
PATRIMONIO NETO			
Capital	2.000	III C	5.000
Ganancias (pérdidas) acumuladas	910	III C	(1.061)
	2.910		3.939
Total	5.300		6.329

B. Ajuste del activo fijo al inicio del ejercicio

Rubro y año de origen	Coeficiente	$ Moneda nominal		$ Moneda de cierre	
		Costo original	Depreciación acumulada	Costo original	Depreciación acumulada
RODADOS					
'17	1,7	3.500	2.800	5.950	4.760
'19	1,3	1.000	400	1.300	520
		4.500	3.200	7.250	5.280
EQUIPAMIENTO DE OFICINA					
'16	2,0	400	200	800	400
'20	1,1	1.600	160	1.760	176
		2.000	360	2.560	576
		6.500	3.560	9.810	5.856

2.940   3.954

Ajuste neto   1.014

C. Ajuste del patrimonio neto al inicio del ejercicio

	Año de origen	Coeficiente	$ Moneda nominal	Moneda de cierre
CAPITAL	14	2,5	2.000	5.000

	$ - Moneda de cierre	
RESULTADOS		
Capital invertido		5.000
Menos – Activos netos:		
Total del activo	6.329	
Menos – Total del pasivo	2.390	3.939
Pérdida acumulada		1.061

NOTA:

En el ajuste del balance al inicio del primer ajuste los resultados acumulados ajustados se determinan directamente por diferencia patrimonial.

En el caso analizado las ganancias acumuladas se convierten en pérdidas acumuladas, porque el ajuste del capital invertido es mayor que el ajuste del total de los activos (compuesto por los ajustes de los inventarios y del activo fijo). Esto no necesariamente significa que la empresa careció de ganancias; puede haber distribuido más de lo que ganó.

IV. AJUSTE DEL BALANCE DE CIERRE

A. Resumen

	$ Moneda nominal	Coef. o ref.	$ Moneda de cierre (31/12/21)
ACTIVO			
Disponibilidades	50		50
Valores negociables	270		270
Créditos por ventas	1.500		1.500
Otros créditos	170		170
Inventarios (mercaderías de reventa)	850	1,03	875
Activo fijo	3.360	IV C	4.320
Total	6.200		7.185
PASIVO			
Proveedores locales	310		310
Cuentas a pagar en moneda extranjera	500		500
Deudas financieras	1.700		1.700
Otras deudas	220		220
	2.730		2.730

	$ Moneda nominal	Coef. o ref.	$ Moneda de cierre (31/12/21)
PATRIMONIO NETO			
Capital	2.600	IV D	6.642
Ganancia (pérdida) acumulada	870	IV D	(2.187)
	3.470		4.455
	6.200		7.185

B. Conversión a moneda de cierre del balance inicial ajustado a moneda de inicio

	$ Moneda de inicio 31/12/21	$ Moneda de cierre (x) 31/12/21
ACTIVO		
Disponibilidades	100	120
Valores negociables	200	240
Créditos por ventas	1.000	1.200
Otros créditos	300	360
Inventarios (mercaderías de reventa)	775	930
Activo fijo (Ref. IV C)	3.954	4.745
Total	6.329	7.595
PASIVO		
Proveedores locales	360	432
Cuentas a pagar en moneda extranjera	400	480
Deudas financieras	1.500	1.800
Otras deudas	130	156
	2.390	2.868

	$	
	Moneda de inicio 31/12/21	Moneda de cierre (x) 31/12/21
PATRIMONIO NETO		
Capital	5.000	6.000
Pérdida acumulada	(1.061)	(1.273)
	3.939	4.727
Total	6.329	7.595

(x) Moneda de inicio x 1,2.

C. Ajuste del movimiento del activo fijo

	Coef. o ref.	Moneda nominal		Moneda de cierre	
		Costo original	Depreciación acumulada	Costo original	Depreciación acumulada
RODADOS					
Saldos iniciales	(a)	4.500	3.200	8.700	6.336
Adiciones	1,15	1.500		1.725	
Deprec. del ejercicio	(b)		1.200		2.085
Saldos finales		6.000	4.400	10.425	8.421
EQUIPAMIENTO DE OFICINA					
Saldos iniciales	(a)	2.000	360	3.072	691
Adiciones	1,07	800		856	
Deprec. del ejercicio	(b)		230		327
Bajas	1,32	(500)	(50)	(660)	(66)
		2.300	540	3.268	952
		8.300	4.940	13.693	9.373

3.360   4.320

(a) Saldos a moneda de inicio (moneda de cierre del ejercicio anterior – Ref. III B) x 1,2 (conversión a moneda de cierre de este ejercicio):

		$		
	Moneda de inicio		Moneda de cierre	
	Costo original	Depreciación acumulada	Costo original	Depreciación acumulada
Rodados	7.250	5.280	8.700	6.336
Equipo de oficina	2.560	576	3.072	691
	9.810	5.856	11.772	7.027
	3.954		4.745	

(b) Depreciación del ejercicio:

	$
Rodados 20% de 10.425	2.085
Equipo de oficina 10% de $ 3.268	327
Total	2.412

Comprobación de los saldos ajustados del activo fijo

Año de origen	Coefi-ciente	Costo original		Depreciación acumulada	
		Moneda nominal	Moneda de cierre	Tasa	Moneda de cierre
RODADOS					
17	2,04	3.500	7.140	100%	7.140
19	1,56	1.000	1.560	60%	936
21	1,15	1.500	1.725	20%	345
		6.000	10.425		8.421

		$			
		Costo original		Depreciación acumulada	
Año de origen	Coefi-ciente	Moneda nominal	Moneda de cierre	Tasa	Moneda de cierre
EQUIPO DE OFICINA					
'16	2,40	400	960	60%	576
'20	1,32	1.100	1.452	20%	290
'21	1,07	800	856	10%	86
		2.300	3.268		952
		8.300	13.693		9.373

D. Ajuste del movimiento del patrimonio neto

	Coef. o ref.	Moneda nominal		Moneda de cierre	
		Capital	Resultados acumulados	Capital	Resultados acumulados
Saldos iniciales	IV B	2.000	910	6.000	(1.273)
Dividendos pagados	1,13		(730)		(825)
Aportes de capital	1,07	600		642	
Ganancia (pérdida) del ejercicio	V A		690		(89)
		2.600	870	6.642	(2.187)

V. AJUSTE DEL ESTADO DE RESULTADOS DEL EJERCICIO

A. Resumen

	$ Ganancia (pérdida) Moneda nominal	Coef. o ref.	$ Ganancia (pérdida) Moneda de cierre
Ventas	6.600	1,1	7.260
Costo de ventas	(2.900)	V B	(3.344)
Gastos de comercialización y administración	(800)	1,1	(880)
Depreciación del activo fijo	(1.430)	V A	(2.412)
Intereses ganados	140	1,1	154
Ganancia por tenencia de valores negociables	70	V B	30
Ganancia (pérdida) por venta de activo fijo	40	V B	(16)
Pérdidas de cambio	(60)	1,1	(66)
Intereses por deuda financiera	(700)	1,1	(770)
Impuesto a las ganancias	(270)	1,1	(297)
Ganancia monetaria	-	VI B y C	252
Ganancia (pérdida) neta	690		(89)

B. Ajuste de ciertas cuentas de resultados

	$ Moneda nominal	Coef. o ref.	$ Moneda de cierre
COSTO DE VENTAS			
Inventario inicial	760	IV B	930
Compras	2.990	1,1	3.289
Inventario final	(850)	1,03	(875)
Costo de ventas	2.900		3.344
GANANCIA POR TENENCIA DE VALORES NEGOCIABLES			
Valor de cotización	270		270
Valor anterior (saldo inicial)	(200)	IV B	(240)
	70		30
RESULTADO POR LA VENTA DE ACTIVO FIJO			
Precio de venta	490	1,18	578
Valor residual			
Costo original	(500)	1,32	(660)
Depreciación acumulada	50	1,32	66
	(450)		(594)
Ganancia (pérdida)	40		(16)

VI. DETERMINACIÓN DEL RESULTADO MONETARIO

A. Resumen de las posiciones monetarias al inicio y al cierre del ejercicio

	$ - Moneda nominal Activo (pasivo)	
	Al inicio	Al cierre
ACTIVOS MONETARIOS		
Disponibilidades	100	50
Créditos por ventas	1.000	1.500
Otros créditos	300	170
	1.400	1.720
PASIVOS MONETARIOS		
(la totalidad de los pasivos)	(2.390)	(2.730)
PASIVO MONETARIO NETO	(990)	(1.010)

B. Estado de cambios en la posición monetaria – Empleo de coeficientes de ajuste

	$ Activo (pasivo) Moneda nominal	Cref. o ref.	$ Activo (pasivo) Moneda de cierre
PASIVO MONETARIO NETO AL INICIO	(990)	1,2	(1.188)
OPERACIONES MONETARIAS DE RESULTADOS			
Ventas	6.600	V A	7.260
Gastos de comercialización y administración	(800)	V A	(880)
Intereses ganados	140	V A	154
Ventas de activo fijo	490	V B	578
Pérdidas de cambio	(60)	V A	(66)
Intereses por deudas financieras	(700)	V A	(770)
Impuesto a las ganancias	(270)	V A	(297)
	5.400		5.979

	$ Activo (pasivo) Moneda nominal	Coef. o ref.	$ Activo (pasivo) Moneda de cierre
OPERACIONES MONETARIAS PATRIMONIALES			
Compra de inventarios (a)	(2.990)	V B	(3.289)
Adiciones de activo fijo	(2.300)	IV C	(2.581)
Dividendos pagados	(730)	IV D	(825)
Aporte de capital	600	IV D	642
	(5.420)		(6.053)
	(1.010)		(1.262)
GANANCIA MONETARIA NETA			
Reducción del pasivo monetario neto en términos de moneda homogénea	-		252
PASIVO MONETARIO AL CIERRE	(1.010)		(1.010)

(a) Las compras de inventarios pueden asimilarse a operaciones monetarias de resultados, quedando como operaciones no monetarias solo la diferencia entre los inventarios iniciales y finales, en lugar de todo el costo de ventas.

C. Estado de cambios en la posición monetaria neta - Empleo de tasas de inflación

	$ Activo (pasivo) Moneda nominal	Tasa de inflación %	$ Pérdida (ganancia) monetaria
PASIVO MONETARIO NETO AL INICIO	(990)	20	(198)
OPERACIONES MONETARIAS DE RESULTADOS			
Ventas	6.600	10	660
Gastos de comercialización y administración	(800)	10	(80)

	$ Activo (pasivo) Moneda nominal	Tasa de inflación %	$ Pérdida (ganancia) monetaria
Intereses ganados	140	10	14
Ventas de activo fijo	490	18	88
Pérdidas de cambio	(60)	10	(6)
Intereses por deudas financieras	(700)	10	(70)
Impuesto a las ganancias	(270)	10	(27)
	5.400		579
OPERACIONES MONETARIAS **PATRIMONIALES**			
Compra de inventarios (a)	(2.990)	10	(299)
Adiciones de activo fijo	(2.300)	(b)	(281)
Dividendos pagados	(730)	13	(95)
Aporte de capital	600	7	42
	(5.420)		(633)
PASIVO MONETARIO AL CIERRE	(1.010)		
GANANCIA MONETARIA AL CIERRE			(252)

(a) Las compras de inventarios pueden asimilarse a operaciones monetarias de resultados, quedando como operaciones no monetarias solo la diferencia entre los inventarios iniciales y finales, en lugar de todo el costo de ventas.

(b) $ 1.500 x 0,15 = $\dfrac{\ \$\ }{225}$

$ \ \ \ 800 x 0,07 = \dfrac{56}{281}$

VII. CONTROLES Y ANÁLISIS FINALES

A. Resumen integral del ejercicio

$ - Debe (haber) – Moneda nominal y *moneda de cierre*
(en *itálicas*)

	Posición monetaria neta	Valores negoc.	Inventarios	Activo fijo	Capital	Result. acum.	Result. del ejercicio
Saldos al inicio	(990)	200	760	2.940	(2.000)	(910)	–
	(1.188)	*240*	*930*	*4.745*	*(6.000)*	*1.273*	
Op. monetarias	5.400						(5.400)
de resultados	*5.979*						*(5.979)*
Op. monetarias	(5.420)		2.990	2.300	(600)	730	–
patrimoniales	*(6.053)*		*3.289*	*2.581*	*(642)*	*825*	–
Ganancia por		70					(70)
tenencia		*30*					*(30)*
Costo de ventas			(2.900)				2.900
			(3.344)				*3.344*
Depreciación				(1.430)			1.430
del act. fijo				*(2.412)*			*2.412*
Valor residual				(450)			450
bajas act. fijo				*(594)*			*594*
Ganancia							
monetaria	252						(252)
Saldos al cierre	(1.010)	270	850	3.360	(2.600)	(180)	(690)
	(1.010)	*270*	*875*	*4.320*	*(6.642)*	*2.098*	*89*

B. Análisis del ajuste – Balance general al cierre del ejercicio

	$		
	Moneda nominal	Moneda de cierre	Ajuste
Activos monetarios	1.720	1.720	–
Valores negociables (no monetarios a valor corriente)	270	270	–
Inventarios	850	875	25
Activo fijo	3.360	4.320	960
	6.200	7.185	985
Pasivos monetarios	2.730	2.730	–
Capital	2.600	6.642	4.042
Ganancia (pérdida) acumulada de ejercicios anteriores	180	(2.098)	(2.278)
Ganancia (pérdida) neta del ejercicio	690	(89)	(779)
	6.200	7.185	985

COMENTARIO

Nótese que el ajuste del activo ($ 985) es originado principalmente por el ajuste del activo fijo ($ 960), debido a su antigüedad. Pero el ajuste del capital es bastante mayor ($ 4.042), lo cual convierte la ganancia acumulada en pérdida acumulada (ajuste negativo de $ 2.278). El ajuste negativo del resultado del ejercicio ($ 779) se analiza en el cuadro siguiente.

C. Análisis del ajuste de las cuentas de resultados del ejercicio

	Moneda nominal	Moneda de cierre	Ajuste (1)	Ajuste (2)
		$ - Ganancia (pérdida)		
Ventas	6.600	7.260		660
Costo de ventas	(2.900)	(3.344)	(444)	
Gastos de comercialización y administración	(800)	(880)		(80)
Depreciación del activo fijo	(1.430)	(2.412)	(982)	
Intereses ganados	140	154		14
Ganancia por tenencia de valores negociables	70	30	(40)	
Ganancia (pérdida) por venta de activo fijo	40	(16)	(144)	88
Pérdidas de cambio	(60)	(66)		(6)
Intereses por deuda financiera	(700)	(770)		(70)
Impuesto a las ganancias	(270)	(297)		(27)
Ganancia monetaria	-	252	831 (a)	(579)
Ganancia (pérdida) neta	690	(89)	(779)	0

Ajuste neto   (779)

(1) Ajustes que tienen efecto en el resultado neto.

(2) Ajuste de las operaciones monetarias de resultados que finalmente no afectan el resultado neto porque se compensan con su efecto en el resultado monetario. Al respecto ver VII C.

(a) Efecto del pasivo monetario neto al inicio ($ 198) más el efecto de las operaciones monetarias patrimoniales ($ 633). Al respecto ver VII C.

COMENTARIO

Nótese que los principales ajustes negativos son primero el del flujo del activo fijo (depreciación, $ 982 y bajas, $ 144) y segundo el de los inventarios (costos de ventas, $ 444), debido a la antigüedad respectiva; en tanto que el principal ajuste positivo está dado por la ganancia monetaria.

D. Análisis del ajuste del resultado neto

El método se explica en el Capítulo 11.

	Ajustes Ref. V II C	(1)	(2)	(3)	(4)	(5)
	$ - Ganancia (pérdida)					
Operaciones monetarias de resultados (ventas, gastos, etc.)	579	579				
Costo de ventas (Ref. V A)	(444)	(299)	(152)	7		
Depreciación del activo fijo	(982)				(982)	
Ganancia por tenencia	(40)		(40)			
Valor residual de la baja de activo fijo	(144)				(144)	
Ganancia monetaria (Ref. VI B)	252	(280)	198			334
	(779)	0	6	7	1.126	334

(1) Compensación del ajuste en el estado de resultados de las operaciones monetarias con su efecto en el cómputo del resultado monetario, pero incluyendo el ajuste de las compras de inventarios ($ 579 − $ 299 = $ 280).

(2) Efecto de la tasa de inflación del ejercicio (20%) sobre ciertos valores iniciales:

	$	
	Moneda nominal	Efecto 20%
Pasivo monetario neto	(990)	(198)
Inventarios	760	152
Valores negociables	200	40
	(30)	(6)

(3) Efecto de anticuar los inventarios iniciales y finales:

	$
Ajuste del inventario inicial a moneda de inicio: $ 760 x 0,02	15
Conversión de este ajuste a moneda de cierre: $ 15 x 1,2	18
Ajuste del inventario final: $ 850 x 0,03	25
Efecto neto de anticuar los inventarios iniciales y finales	7

(4) Flujo del activo fijo a resultados.

(5) Efecto de las operaciones monetarias patrimoniales, excluyendo las compras de inventarios ($ 633 − $ 299 = $ 334).

CAPÍTULO 7

TRATAMIENTO DE LOS RESULTADOS MONETARIOS

En capítulos anteriores nos hemos circunscripto a la determinación y la presentación del resultado monetario neto, ocasionado por el efecto de la inflación sobre la posición monetaria neta mantenida durante el ejercicio. Hemos procedido de tal manera para no complicar el desarrollo de los conceptos básicos. Pero ahora ha llegado el momento de profundizar ciertas cuestiones importantes, a saber:

> ➤ ¿Es correcto incluir las pérdidas y ganancias monetarias dentro del estado de resultados?
> ➤ Si la respuesta a la primera pregunta es afirmativa, ¿cuál debe ser el criterio de imputación de dichas pérdidas y ganancias a los resultados del ejercicio?; y, ¿cómo deben presentarse: en cuenta separada por su importe neto o de alguna otra manera?

En la próxima sección examinaremos la primera cuestión. En secciones subsiguientes trataremos los temas inherentes a las otras dos cuestiones.

Inclusión de los resultados monetarios dentro de los resultados del ejercicio

Para tratar la imputación contable de los resultados monetarios es necesario definir primeramente una cuestión: si ellos deben reflejarse en algún momento dentro del estado de resultados del ejercicio.

La respuesta indudablemente es afirmativa. Las pérdidas y ganancias monetarias, si bien no representan una partida "operativa", en el sentido estricto que algunos suelen otorgarle a este término, constituyen aumentos o disminuciones reales del patrimonio, que en épocas de inflación se presentan en forma ordinaria.

La dirección de la empresa debe tener en cuenta permanentemente los cambios en el poder adquisitivo de la moneda cuando son un elemento importante de las condiciones en que los negocios tienen que desenvolverse. El mantenimiento de disponibilidades, el otorgamiento de crédito y la financiación por terceros, con sus consiguientes efectos en términos de pérdidas y ganancias monetarias, implican decisiones en el área financiera que, integrando la gestión total, suelen ser tan significativas como las medidas en materia comercial o productiva. El estado de resultados, que mide las consecuencias patrimoniales de toda la gestión empresarial, tiene entonces que reflejar dichos efectos.

Además, las pérdidas y ganancias monetarias no solo forman parte de los resultados de la gestión, sino que en la mayoría de los casos están interrelacionadas con las demás partidas, como ventas, costo de ventas, gastos, intereses, etc., por cuanto estos rubros, a su vez, se ven afectados por las condiciones impuestas por la inflación. En consecuencia, no es razonable excluir ciertos efectos de la inflación (los resultados monetarios), en tanto se incluyan otros (los efectos sobre otras cuentas).

Por ejemplo, en épocas de inflación es factible que una empresa incremente el volumen de las operaciones y los márgenes de utilidad bruta aumentando el financiamiento de sus ventas. Pero puede ser también que, en definitiva, tales beneficios se invaliden debido a la desvalorización de sus cuentas a cobrar. En este caso, no parece equitativo excluir del estado de resultados dicha desvalorización, demostrando así utilidades ficticias.

En períodos de inflación puede llegar a ser conveniente endeudarse. Pero, por otra parte, el endeudamiento suele resultar más caro que en tiempos de estabilidad monetaria, porque el acreedor eleva la tasa de interés para resarcirse de su pérdida monetaria. En tales circunstancias no es razonable que el cuadro de los resultados del deudor refleje los mayores intereses nominales y no la ganancia que disminuye este costo formal.

Tratamiento de los resultados financieros en general y de los resultados monetarios en particular

Partimos de la base de que, en general, los resultados financieros se imputan en "función propia", en forma independiente de los demás costos e ingresos. Así, los resultados financieros se ven como el efecto de usar fondos de terceros o ceder fondos a terceros, efecto que corresponde atribuir al ejercicio en que se usaron o cedieron los fondos. Con este criterio:

> ➤ Los intereses se imputan a resultados o se difieren en función de la financiación (capital y tiempo) que les da origen.
> ➤ La indexación se considera una pérdida o una ganancia a medida que se va devengando.
> ➤ Las diferencias de cambio se apropian directamente al estado de resultados; en principio, no se contabilizan como un ajuste de otros costos e ingresos.

En la sección precedente dijimos que los resultados monetarios constituyen una especie dentro de los resultados financieros. Por lo tanto, también los resultados monetarios deben imputarse en función propia, o sea al ejercicio que la tasa de inflación opera sobre los respectivos activos y pasivos monetarios sobre la base del monto afectado y del tiempo transcurrido, de manera similar a la de los intereses y la indexación.

En la edición anterior de esta obra, en el capítulo sobre el tratamiento de los resultados financieros, examinamos ciertas cuestiones inherentes a la imputación de los resultados financieros en general, como marco de la imputación de los resultados monetarios en particular. Sin embargo, dichas cuestiones van más allá del tratamiento de los resultados monetarios. Por ello, para no distraernos del tema central, hemos optado por no incluirlos en el cuerpo de este capítulo, sino transcribir en un apéndice las partes pertinentes de la edición anterior.

Análisis del resultado monetario neto

En los capítulos 5 y 6 vimos la forma de determinar la pérdida o ganancia monetaria neta del ejercicio, a través del estado de cambios en la posición monetaria. A los efectos de no complicar el análisis, trabajamos exclusivamente con la posición monetaria neta, sin desglosarla en función de sus elementos componentes. En consecuencia, determinamos un resultado monetario neto, que no permite otro análisis que el que surge de dicho estado de cambios en la posición monetaria.

Ahora nos proponemos descomponer ese resultado neto en distintas partidas, atendiendo a los diversos factores que lo generaron. La metodología para lograr el objetivo es simple y no implica, en sustancia, concepto nuevo alguno. Se trata de clasificar la posición monetaria en función de sus elementos constitutivos, en el grado de detalle que se considere menester. Este grado depende del nivel de análisis del resultado monetario que se pretenda. Por ejemplo, puede que se busque desglosar el resultado monetario en solo tres partidas: a) pérdida por las cuentas a cobrar a clientes, b) pérdida por otros activos monetarios y c) ganancia por la totalidad de los pasivos monetarios. En este caso será necesario descomponer la posición monetaria en tres partes únicamente: a) cuentas a cobrar a clientes, b) otros activos monetarios y c) pasivos monetarios. Pero si se pretende desglosar aún más el resultado monetario, por ejemplo discriminando distintas ganancias monetarias según el tipo de pasivo (comercial, bancario, etc.), es indispensable descomponer la posición monetaria en el mismo orden.

El nivel de análisis del resultado monetario tiene que ver con la imputación que luego se quiera hacer contra los respectivos resultados financieros nominales, tema que trataremos en la sección siguiente. Por ejemplo, si existen por un lado intereses nominales por las deudas bancarias y por otro lado pérdidas de cambio nominales por cuentas con proveedores a pagar en moneda extranjera, y se quiere determinar el costo neto real de cada uno de estos dos tipos de pasivo, es menester separar las ganancias monetarias de ambos, a fin de imputarlas respectivamente contra dichos costos nominales.

La clasificación de la posición monetaria corresponde tanto a la posición inicial como a las operaciones monetarias del período. De esta manera queda tabulada "la base" que da origen al resultado monetario:

	POSICIÓN MONETARIA			
	NETA	ANÁLISIS		
INICIAL				
OPERACIONES DEL EJERCICIO				
FINAL				

En función de tal tabulación se aplican los porcentajes pertinentes de inflación. O sea, no solo sobre la posición monetaria neta (como vimos en los capítulos 5 y 6), sino también sobre las respectivas columnas de análisis. Así se logran sendos resultados monetarios en función de cada una de dichas columnas. Obviamente, la suma algebraica de estos resultados igualará el resultado monetario neto, en tanto el cómputo de los porcentajes de inflación con respecto a las columnas de análisis haya sido consistente con el cálculo global basado en la posición monetaria neta. Esto no es nada más ni nada menos que lo que en aritmética se denomina la "propiedad distributiva de la multiplicación respecto de la suma algebraica".

Dentro de la metodología descripta podemos distinguir tres pasos:

1. Clasificación de la posición monetaria neta inicial y final, la cual enmarca la tabulación o el análisis horizontal.
2. Análisis vertical de las operaciones monetarias del período.
3. Determinación de los respectivos resultados monetarios aplicando las correspondientes tasas de inflación.

A su vez, el análisis vertical de las operaciones monetarias del período puede hacerse también con distintos niveles de detalle. Aquí existen alternativas análogas a las explicadas en el Capítulo 5 en cuanto a la posición monetaria neta: puede trabajarse con el esquema más simple de reducir todo el movimiento a una variación neta, determinada por diferencia entre la posición inicial y la final; o bien pueden desagregarse las operaciones al igual que en el estado de cambios en la posición monetaria explicado en los capítulos 5 y 6. Esto dependerá del nivel de precisión que se busque, teniendo en cuenta las condiciones del caso.

A continuación, a título de ejemplo, presentamos cierto análisis del resultado monetario del caso integral empleado en el capítulo precedente.

	Posición monetaria			Resultados monetarios respectivos		
	Inicial	Variación neta	Final	(1)	(2)	(3)
ACTIVOS MONETARIOS						
Disponibilidades	100	(50)	50	20	(57)	(37)
Créditos por ventas	1.000	500	1.500	200	50	250
Otros créditos	300	(130)	170	60	(13)	47
	1.400	320	1.720	280	(20)	260
PASIVOS MONETARIOS						
Proveedores locales	360	(50)	310	72	(5)	67
Cuentas a pagar en moneda extranjera	400	100	500	80	10	90
Deudas financieras	1.500	200	1.700	300	20	320
Otras deudas	130	90	220	26	9	35
	2.390	340	2.730	478	34	512
PASIVO MONETARIO NETO	990	20	1.010	198	54	252

(1) 20% de la posición monetaria inicial.

(2) 10% (tasa de inflación "media") de la variación neta, salvo en el caso de disponibilidades que se analiza a continuación.

(3) = (1) + (2).

ANÁLISIS DE DISPONIBILIDADES

	$ Variación neta	Tasa de inflación %	$ Efecto – Pérdida (ganancia)
Adicciones de activo fijo:			
Rodados	(1.500)	15	(225)
Equipos	(800)	7	(56)
Dividendos pagados	(730)	13	(95)
Aportes de capital	600	7	42
Venta de activo fijo	490	18	88
Resto de las variaciones	1.890	10	189
	(50)		(57)

Para simplificar el cálculo, las operaciones monetarias a las que se aplicaron tasas de inflación distintas de 10% se incluyeron dentro de las variaciones de disponibilidades, en tanto que para el resto de las cuentas se computaron directamente las variaciones netas, a las cuales se les aplicó la tasa de 10%. El hecho de que tal proceder arroje una ganancia de $ 54 puede ser consecuencia de dicha simplificación o de que en ciertos momentos se trabajó con saldos en descubierto, o bien una combinación de ambos factores. De todos modos, el efecto no es muy significativo.

Sobre la base del análisis precedente, y concentrándonos en las partidas más significativas, podemos resumir la composición del resultado monetario neto de la siguiente manera:

	$
Ganancias	
Por las cuentas a pagar en moneda extranjera	90
Por las deudas financieras	320
Neto de otras partidas	92
	502
Menos – Pérdida por los créditos por ventas	250
Ganancia monetaria neta	252

Imputación de los resultados monetarios

El cuadro siguiente propone una cierta imputación de los resultados monetarios analizados en la sección precedente.

	$		
	(1)	(2)	(3)
Intereses ganados sobre los créditos por ventas	154	(250)	(96)
Pérdida de cambio por las cuentas a pagar en moneda extranjera	(66)	90	24
Intereses por deudas financieras	(770)	320	(450)
Resultados monetarios diversos	–	92	92
		252	

(1) Ingreso o costo financiero nominal expresado en moneda de cierre.

(2) Imputación del resultado monetario respectivo.

(3) Neto resultante de (1) menos (2). A continuación hacemos algunos comentarios acerca de estos importes netos.

La pérdida neta de $ 96 relacionada con los intereses ganados sobre los créditos por ventas podría significar que el interés nominal que se debita a los clientes es inferior a la tasa de inflación, o que el total de intereses nominales es realmente mayor porque la cifra de ventas contiene intereses implícitos no segregados, o bien una combinación de ambos factores.

La ganancia neta de $ 24 ocasionada por las cuentas a pagar en moneda extranjera implicaría que la devaluación de la moneda local respecto de la moneda extranjera ha sido inferior a la tasa de inflación.

La pérdida neta de $ 450 originada por las deudas financieras entrañaría que su interés nominal supera la tasa de inflación.

APÉNDICE DEL CAPÍTULO 7

CUESTIONES INHERENTES AL TRATAMIENTO DE LOS RESULTADOS FINANCIEROS

En este apéndice se transcriben textualmente ciertas secciones de la edición anterior de Contabilidad e inflación, *que tratan cuestiones que van más allá del tema central del Capítulo 7, pero que pueden ser de interés para el lector por su relación con el tratamiento de los resultados monetarios. Los únicos cambios respecto del texto original han sido reemplazar el signo de australes (moneda de aquel entonces) por el de pesos, y modificar dos gráficos referentes a la separación de los intereses implícitos.*

Intereses implícitos y sobreprecios de inflación

El interés puede ser "explícito" o "implícito". El interés es explícito cuando surge directamente de la documentación respaldatoria de las operaciones. Por ejemplo, una venta en donde se factura el precio de contado del bien vendido, digamos $ 100, y por separado se debitan los intereses correspondientes a la financiación de la venta, supongamos $ 40.

Por el contrario, el interés implícito es aquel que se oculta tras la documentación respaldatoria, aunque puede presumirse en función de la naturaleza de la operación. Verbigracia, una venta en iguales condiciones que la del ejemplo anterior, pero cuya factura refleja un precio total de $ 140, sin indicar los intereses, y se ofrece un descuento de $ 40 por pago al contado.

En épocas de inflación, tanto el interés implícito como el explícito suelen contener un "sobreprecio". Porque el acreedor, para cubrirse de la desvalorización de su cuenta a cobrar, tiende a elevar la tasa de interés. Vale decir que el interés nominal es desglosable en dos elementos:

1. El interés que hipotéticamente se hubiese pactado de no mediar inflación, al cual llamaremos interés "puro".
2. El sobreprecio debido a la inflación esperada.

Lo antedicho podemos expresarlo con la ecuación siguiente:

INTERÉS PURO	=	INTERÉS NOMINAL	−	SOBREPRECIO (Inflación esperada)

Por otra parte, más arriba indicamos que:

INTERÉS REAL	=	INTERÉS NOMINAL	−	RESULT. MONETARIO (Inflación ocurrida)

Ambas ecuaciones tienen una estructura común: un concepto neto que surge de la diferencia entre el interés nominal y el efecto de la inflación. Sin embargo, dichas ecuaciones son diferentes. Porque el interés puro referido en 1 es neto de la inflación esperada *ex-ante*. Mientras que el interés real se conoce *ex-post* por deducción del efecto de la inflación ocurrida. Esta distinción es importante con relación a los párrafos siguientes.

En ciertos textos contables se plantea la separación de los intereses implícitos y también la de los sobreprecios de inflación. A veces, de su lectura parecería interpretarse que se trata de un mismo fenómeno. Sin embargo, no debe ser así. Una cosa es el interés implícito y otra cosa es el sobreprecio de inflación. Trataremos de ilustrar la cuestión por medio de la siguiente matriz:

		Forma del interés nominal	
		Explícito	Implícito
Contenido del interés nominal	Interés puro	I Interés puro explícito	II Interés puro implícito
	Sobreprecio de inflación	III Sobreprecio del interés explícito	IV Sobreprecio del interés implícito

El interés implícito comprende los cuadrantes II y IV (última columna vertical). En cambio, el sobreprecio de inflación comprende los cuadrantes III y IV (última línea horizontal); o sea solo una porción del explícito o del implícito.

El interés implícito se encuentra incluido en las partidas de compras y ventas de bienes y servicios. La separación del interés implícito consiste en extraerlo de dichas partidas y asimilarlo al interés explícito, a fin de otorgarles a todos los intereses (tanto explícitos como implícitos) el mismo tratamiento. En otras palabras, se trata de homogeneizar la contabilización de los intereses implícitos con los explícitos. Esto lo podemos representar gráficamente así:

– SEPARACIÓN DE INTERESES IMPLÍCITOS

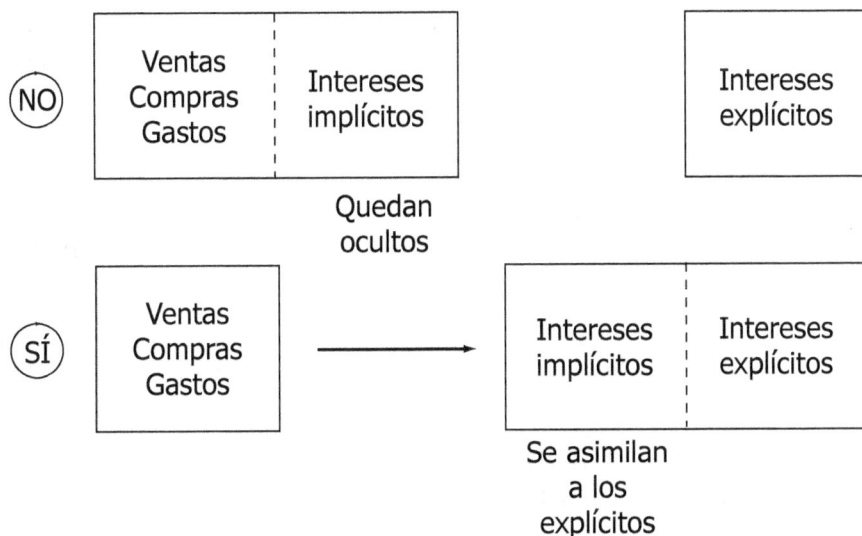

La separación del sobreprecio por inflación pretendería algo adicional: extraer ese sobreprecio del interés nominal, para luego apropiarlo contra el resultado monetario. Mediante este procedimiento:

- El interés, tanto explícito como implícito, se ve reducido al interés puro.
- El resultado monetario queda a su vez rebajado a la diferencia entre el sobreprecio por inflación estimado *ex-ante* y el efecto de la inflación real determinado *ex-post.*

El gráfico siguiente pretende ilustrar este procedimiento:

– SEPARACIÓN DEL SOBREPRECIO

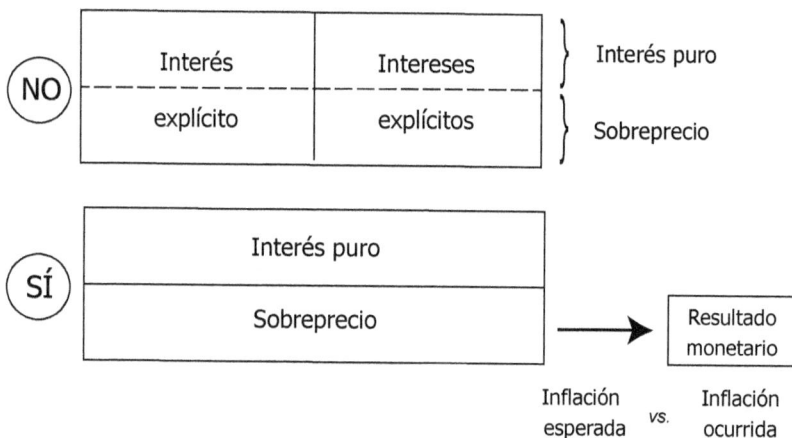

En nuestra opinión, la separación del sobreprecio por inflación es engorrosa y carece de mayor utilidad. Pensamos que es más práctico y significativo el proceso inverso: apropiar el resultado monetario contra el interés nominal. Con esto se llega al interés real.

Este, como dijimos anteriormente, es algo distinto del interés puro que hipotéticamente se hubiese pactado de no mediar inflación.

– SEPARACIÓN DEL SOBREPRECIO POR INFLACIÓN (NO RECOMENDABLE)

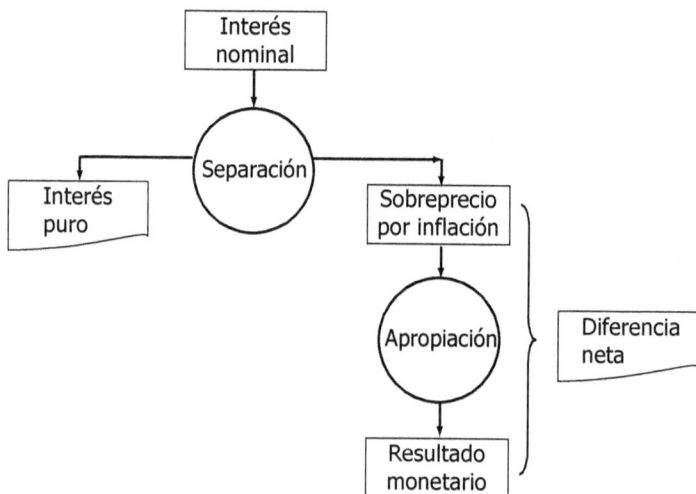

– NO SEGREGACIÓN DEL SOBREPRECIO POR INFLACIÓN (RECOMENDABLE)

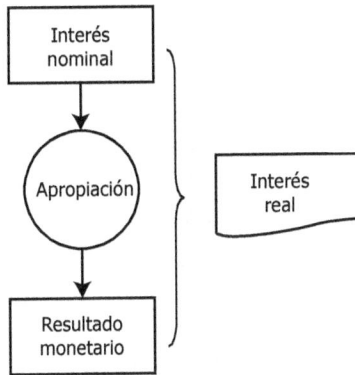

Imputación de los resultados financieros en general

La empresa actúa en dos frentes: por un lado, invierte en los elementos necesarios para su actividad (materias primas, maquinarias, servicios personales, etc.); y, por otro, vende el producto de esa actividad (bienes, servicios, etc.). Los elementos que adquiere y los productos que vende determinan, respectivamente, sus costos e ingresos. Éstos se imputan a los resultados del ejercicio de acuerdo con las características de cada uno de ellos (inventarios y costo de ventas, activo fijo y depreciaciones, etc.).

En general, a esos costos e ingresos se añaden otras partidas dependiendo de si las compras y las ventas se hacen al contado o a crédito. Por ejemplo, si se adquiere una mercadería a plazos, puede ser que al costo de la mercadería haya que agregarle:

– Intereses por la financiación de la deuda.
– Diferencias de cambio, si la deuda es en moneda extranjera.

Estos resultados adicionales, llamados financieros, pueden mirarse desde dos puntos de vista distintos:

A) Uno es tratar de identificar los resultados financieros con las compras o ventas que originan las cuentas a pagar y a cobrar respectivas.

B) El otro punto de vista es suponer que los resultados financieros hacen a la alternativa entre comprar y vender al contado o comprar y vender a crédito; alternativa que no se refiere sustancialmente a comprar y vender en sí, sino a la posibilidad y conveniencia de usar fondos propios o de terceros.

Si se supone lo indicado en A, el resultado financiero debe seguir la suerte del costo o del ingreso respectivo. Con este criterio, corresponde, por ejemplo, cargar al costo de los bienes (inventarios, activo fijo, etc.) los intereses y pérdidas de cambio originados por las deudas incurridas para adquirir esos bienes. De esta manera, la imputación a resultados se produce a través del mayor o menor costo de los bienes vendidos o consumidos (vía costo de ventas, depreciaciones, amortizaciones, etc.).

En cambio, si se supone lo señalado en B, los resultados financieros deben imputarse en función propia[1], en forma independiente de los demás costos e ingresos. Así, los resultados financieros se ven como el efecto de usar fondos de terceros o ceder fondos a terceros, efecto que corresponde atribuir al ejercicio en que se usaron o cedieron los fondos. Con este criterio:

➢ Los intereses se imputan a resultados o se difieren en función de la financiación (capital y tiempo) que les da origen.
➢ La indexación se considera una pérdida o una ganancia a medida que se va devengando.
➢ Las diferencias de cambio se apropian directamente al estado de resultados, y no se contabilizan como un ajuste de otros costos e ingresos.
➢ Los resultados monetarios se consideran pérdidas y ganancias del ejercicio en que se mantuvieron los activos y pasivos monetarios respectivos.

Dentro del criterio indicado en B, de imputar las diferencias de cambio en función propia, caben a su vez dos posibilidades básicas:

− Las cuentas en moneda extranjera se revalúan a la fecha del balance según las respectivas cotizaciones, y los aumentos o disminuciones resultantes del patrimonio se consideran pérdida o ganancia del

---

1 En adelante usaremos esta expresión –imputación "en función propia"– para caracterizar el criterio indicado en B.

ejercicio. Con este procedimiento se enfocan las diferencias de cambio como un costo aleatorio cuya asignación a un período depende de las variaciones en la cotización ocurridas durante ese lapso.

- Se trata de nivelar de alguna manera al efecto que sobre los resultados del ejercicio ocasionan las cuentas en moneda extranjera. Por ejemplo, si no varía la cotización de la moneda extranjera, pero existe inflación interna que se supone habrá de causar una devaluación de la moneda local, las deudas en moneda extranjera se valúan (directamente o por medio de una previsión) a un tipo de cambio estimativo superior a la cotización. En esta forma se anticipa el reconocimiento de pérdidas de cambio y se evita para el futuro un cargo abrupto a resultados en el supuesto de que la cotización pegue el salto previsto.

En general, nos inclinamos por el primer procedimiento porque con él se atiende a una realidad económica: las diferencias de cambio son efectivamente un costo aleatorio y habitualmente no existe un método que permita determinar con un mínimo de objetividad un tipo de cambio estimativo distinto de la cotización.

Hecha esta aclaración acerca de las diferencias de cambio, retomemos la discusión básica en cuanto a la imputación de los resultados financieros en general. Aceptamos que, en principio, tanto el criterio A como el B pueden ser racionalmente justificables. La elección entre uno y otro depende, en definitiva, del ángulo desde el cual se enfoquen los resultados financieros. Sin embargo, en nuestra opinión, es preferible inclinarse por B a fin de desarrollar un método coherente de imputación, por las razones que se apuntan a continuación.

En gran parte, el resultado financiero constituye efectivamente un adicional que depende de las alternativas en cuanto al uso de fondos, y no de la compra o de la venta en sí. Admitimos que esto no es absoluto o no siempre es cierto; por ejemplo, en el caso de las deudas en moneda extranjera que permanecen impagas por restricciones de tipo cambiario. No obstante, en general la posición B se aproxima bastante a la realidad.

La posición A, además de desconocer la independencia relativa del área financiera, presenta dos dificultades importantes: la de establecer sobre qué bases debe realizarse la identificación de las compras con las cuentas a pagar y de las ventas con las cuentas a cobrar, y la de precisar cuándo cortar tal identificación.

El análisis del primer problema revela que la posición A es teóricamente discutible y, en la práctica, dificultosa.

Consideremos primero el aspecto teórico. Tomemos, por ejemplo, una maquinaria adquirida con financiación del propio proveedor. En este caso, la identificación entre compra y deuda es clara; o sea, no existe dificultad práctica para la identificación. No obstante, es teóricamente discutible cargar al costo de la maquinaria los intereses originados por la deuda. Para ilustrar este punto supongamos que, además de adquirirse la maquinaria a crédito, se compraron mercaderías al contado. Es probable que se haya operado así porque la financiación otorgada por el proveedor de la maquinaria era más conveniente que la financiación que podría ofrecer el proveedor de la mercadería. Vale decir, no era obligatorio comprar la maquinaria a crédito y la mercadería al contado. Las mejores condiciones financieras otorgadas por el proveedor de la maquinaria en comparación con las que podía ofrecer el proveedor de la mercadería son independientes de la maquinaria o de la mercadería en sí. Bajo las condiciones financieras distintas, ajenas a los elementos adquiridos, pudo haberse procedido a la inversa, comprando la maquinaria al contado y la mercadería a crédito; o quizás también pudo pagarse ambas cosas al contado, consumiendo más disponibilidades o consiguiendo un préstamo bancario o un aporte de capital.

En la práctica, el problema se complica enormemente. La identificación puede que sea clara al momento de realizarse una transacción, pero los efectos financieros de la cuenta a cobrar o a pagar que nace con la transacción no están necesariamente definidos en ese momento. Al contrario, la definición completa de muchos resultados financieros se produce *a posteriori* de las compras o ventas que generaron el uso o la cesión de fondos.

A la fecha de los estados contables nos encontramos con:

a) Los resultados financieros originados durante el ejercicio.
b) Las disponibilidades, y las cuentas a cobrar y a pagar existentes al cierre del ejercicio.
c) Los costos activados (inventarios, activo fijo, etc.) y los ingresos diferidos al cierre del ejercicio.
d) Los rubros de costos e ingresos del cuadro de resultados del ejercicio.

Sobre la base de los saldos de las cuentas a lo sumo pueden identificarse algunas cuentas a pagar al cierre con ciertos costos activados o cargados a resultados; y también algunas cuentas a cobrar con ciertos ingresos diferidos o acreditados a resultados. Pero, ¿cómo proceder con el resto de los costos e ingresos? Aún más: aunque se identifique un costo con una deuda a la fecha del balance, cabe tener en cuenta que esa deuda no necesariamente se mantuvo constante durante el ejercicio. Entonces, ¿cómo distribuir los resultados financieros ocasionados por las disponibilidades y las cuentas a cobrar y a pagar mantenidas durante el ejercicio? Realmente, no hemos encontrado respuestas apropiadas a estas preguntas.

El segundo problema, cuándo cortar la identificación, es también de difícil solución. En efecto, si se admite que los resultados financieros deben imputarse en función de los respectivos costos e ingresos, es menester incluir en el ejercicio no solo los resultados financieros devengados en él, sino también los que ocurrirán en el futuro como consecuencia de las cuentas a pagar y a cobrar relacionadas con dichos costos e ingresos. En consecuencia, el costo de un inmueble, por ejemplo, tiene que absorber el total de los intereses originados en la financiación de su compra, aunque estos intereses correspondan a períodos futuros; incluso dicho costo debería comprender, llevando el argumento a sus extremos, los intereses adicionales resultantes de cualquier refinanciación de la deuda por el inmueble. Aparte de las dudas que se pueda tener acerca de la razonabilidad de la posición A, es evidente que transita por caminos sumamente tortuosos.

En resumen, un análisis de la naturaleza de los resultados financieros revela que la identificación señalada en A es problemática o impracticable; y que, como pauta general, es preferible imputar esos gastos directamente a resultados en función propia conforme se indica en B.

El costo financiero como ingrediente de la valuación de activos no monetarios

En general se considera aceptable agregar a la valuación de ciertos activos no monetarios el costo de su financiación. Se trata de bienes cuya construcción, producción o terminación, por prolongarse en el tiempo, requieren necesariamente cierta inmovilización de fondos. Por ejemplo, la construcción de un edificio, la elaboración de vino añejo, el estacionamiento del tabaco, etc.

Tal apropiación puede parecer una contradicción con el criterio general que recomendamos en la sección precedente. Sin embargo, en sustancia no es así; al contrario. Trataremos de explicar esto en los párrafos siguientes.

En la apropiación que ahora planteamos el factor financiero es congénito a la obtención física del bien: la construcción de un edificio requiere indefectiblemente determinado tiempo; no es posible elaborar vino añejo sin esperar el añejamiento; etc. Aquí media un ingrediente financiero que es causado por la inmovilización inevitable de los fondos.

El criterio general de imputación recomendado en la sección anterior pretende separar el costo propio del bien adquirido del adicional financiero inherente a una alternativa en cuanto al origen de los fondos que es ajena al bien en sí. Por el contrario, la apropiación que ahora estamos examinando versa sobre un componente financiero de características opuestas: hace al bien en sí; no a una disyuntiva con respecto a la forma de financiación. Ergo, no se trata de una contradicción, sino, paradójicamente, de la aplicación del mismo criterio general a circunstancias distintas.

Si lo antedicho es válido, la referida apropiación no tendría que sujetarse a las erogaciones originadas por el endeudamiento, sino que debería ser una función directa del bien inmovilizado. Pero esto tiene una derivación: si el activo es financiado total o parcialmente con patrimonio neto, el proceso plantea el reconocimiento del denominado interés del capital propio.

Nosotros no estamos de acuerdo con tal reconocimiento en los estados contables globales de una empresa. En nuestra opinión, cada sujeto tiene su visión personal del interés del capital propio. Por ejemplo, cualquier inversionista puede tener un costo de oportunidad distinto de los demás en cuanto al empleo de sus fondos. Por ello creemos que es demasiado arbitrario y confuso incluir en los estados contables globales un presunto interés del capital propio común a la totalidad de los interesados. En todo caso, cualquier interesado, si gusta, puede efectuar fácilmente la cuenta que relacione la ganancia con el patrimonio neto; o bien calcular a su medida el interés atribuible al capital propio y deducirlo de la ganancia.

Aclaramos que, sin embargo, el cómputo del interés del capital propio suele ser una buena herramienta en el ámbito de la contabilidad gerencial;

por ejemplo, asignar a los distintos sectores operativos un interés sobre su capital invertido a fin de ponderar su rentabilidad relativa. Pero aquí se trata de una reclasificación interna, en donde el interés cargado a un sector se acredita a la "central financiera", que a su vez sufre los intereses ocasionados por el endeudamiento de la empresa. Desde el punto de vista de la empresa tomada en conjunto, el costo financiero se resume, en definitiva, a los intereses del capital ajeno. Los argumentos que esbozamos en el párrafo anterior con respecto a la relación empresa-inversionista externo (accionista, etc.) no son análogamente aplicables a la relación central financiera-sector operativo. Por otra parte, el reconocimiento del interés del capital propio en cuanto a esta segunda relación ofrece ventajas en el ámbito del control de gestión que no son extrapolables a la relación empresa-inversionista externo.

Dijimos que no estamos de acuerdo con la inclusión de los intereses del capital propio en los estados contables globales de una empresa. Pero esta conclusión nos lleva a la cuestión siguiente: si no se dispone del crédito por el interés del capital propio, ¿cómo se hace para cumplir con el débito del costo financiero en el supuesto de financiación con patrimonio neto? La respuesta depende del modelo contable que se utilice como marco de referencia: la contabilidad del valor corriente –que preferimos– o la contabilidad histórica.

Si se opera con un modelo de contabilidad del valor corriente, el cómputo del costo financiero en función del bien inmovilizado es una forma de acercamiento al costo corriente. Si se pretendiese adquirir directamente el bien en su estado actual, el vendedor debería cargar el componente financiero del caso. En otras palabras, el costo financiero es un ingrediente del costo corriente en la hipótesis de reconstrucción o reproducción.

En el modelo de la contabilidad del valor corriente, la falta de una cuenta acreedora previa, que correspondería a los presuntos intereses del capital propio, no constituye un problema conceptual. El mayor valor asignado al bien entraña una ganancia por tenencia. Si el bien ha sido financiado con endeudamiento, contra la ganancia por tenencia jugará la erogación financiera pertinente. Si, en cambio, el bien ha sido financiado con capital propio, no mediará tal erogación financiera. La alternativa es tan válida como con cualquier otra ganancia por tenencia, dentro del modelo de la contabilidad del valor corriente.

En un modelo de contabilidad histórica, si se desconoce el interés del capital propio, no hay más remedio que sujetar la apropiación a las erogaciones originadas por el endeudamiento. Aquí puede objetarse el procedimiento por incoherente. Sin embargo, la incoherencia no radica en el criterio específico que estamos sosteniendo, sino en las limitaciones propias de la contabilidad histórica.

Desde el vamos, la contabilidad histórica renuncia a determinar el verdadero valor de un activo a la fecha de los estados contables. (Este objetivo solo lo persigue la contabilidad del valor corriente.) La contabilidad histórica, más que un sistema de valuación, es un mecanismo de apropiación de ingresos y erogaciones. En general, el criterio de valuación de los activos se mueve dentro del marco de las erogaciones. Así se descartan aquellos elementos constitutivos del valor que no provengan de una erogación. Y así también puede llegarse a sobrevalorar un activo a resultas del mecanismo.

Tomemos un ejemplo hipotético. Supongamos que dos plantas fabrican un mismo producto, siendo una eficiente y la otra no. La eficiente tiene menores costos que la ineficiente. De acuerdo con el mecanismo de la contabilidad histórica, a los productos de la planta ineficiente se les asigna, en principio, más valor que a los de la planta eficiente. ¿Tiene esto algún sentido?

La contabilidad histórica responde entonces al siguiente esquema:

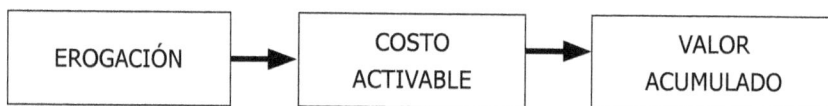

EROGACIÓN	→	COSTO ACTIVABLE	→	VALOR ACUMULADO

Ubiquemos ahora dentro de este esquema la mencionada apropiación de costos financieros. Es evidente que solo puede registrarse el mayor valor inherente a la inmovilización en el caso de que esté financiada con endeudamiento. El campo de la apropiación puede ampliarse en tanto se reconozca el interés del capital propio, aun dentro del modelo de la contabilidad histórica. Pero, si tal interés no se reconoce, se hace depender el registro del mayor valor del activo de un factor ajeno al activo en sí. Esto, en efecto, es incongruente. Sin embargo, repetimos, la incongruencia nace del esquema de la contabilidad histórica. No es consecuencia del concepto de reconocer un mayor valor por la inmovilización financiera en cuestión.

Separación de los intereses implícitos

Anteriormente, en la sección titulada "Intereses implícitos y sobreprecios de inflación", dijimos que es necesario extraer los intereses implícitos de las respectivas partidas operativas (ventas, compras, etc.), a fin de asimilarlos a los intereses explícitos. Sin embargo, la aplicación concreta de tal procedimiento en forma práctica y objetiva puede ofrecer ciertas dificultades.

Se ha sostenido que la separación de los intereses implícitos no es válida porque contradice la documentación respaldatoria de las operaciones y no puede determinarse en forma práctica y verdaderamente objetiva. Este argumento es importante y no puede pasarse por alto. Pero, por otra parte, cabe recordar que el propósito fundamental de los estados contables es presentar razonablemente la situación patrimonial y el resultado de las operaciones, y que practicidad y objetividad son cualidades o condiciones que juegan con carácter relativo. La practicidad de un procedimiento contable (en definitiva, su costo de aplicación) debe apreciarse siempre que no atente significativamente contra la razonabilidad de la información obtenida. La objetividad no significa circunscribir la fuente de la información contable a cierto tipo de documentación respaldatoria o a evidencia de carácter indudable; si así fuese, no cabrían las amortizaciones y las previsiones, ni muchos otros rubros que acostumbramos ver en los estados contables. Un procedimiento contable es objetivo si se efectúa sobre la base de elementos de juicio tales que, de repetirse por varias personas en condiciones similares, no se obtendrán resultados significativamente distintos. La documentación (facturas, escrituras, etc.) es uno de los elementos de juicio principales de que dispone la contabilidad, pero no es el único. En nuestra opinión, la separación de los intereses implícitos puede lograrse con base en pautas que otorgan un grado aceptable de objetividad, conforme se expondrá más adelante.

Intercambio de dinero

Este tipo de transacciones corresponde a los préstamos, la compra de títulos, etc., en donde el interés es igual a la diferencia entre el dinero entregado y el devuelto. Aunque el interés no figure declarado, su determinación no ofrece problemas, pues virtualmente es explícito.

Si figura declarado un interés distinto del que resulta de la diferencia entre el dinero entregado y el devuelto, es porque media una prima o un descuento. Tal es el caso de la compra de títulos sobre o bajo la par. De acuerdo con la práctica contable usual, la prima o el descuento se amortizan en función de la vigencia del préstamo, o sea que se distribuyen sobre la misma base que el interés declarado. De esta manera, los intereses declarados más la prima o menos el descuento configuran la diferencia entre el dinero entregado y el devuelto.

Compra-venta de bienes y servicios

En este tipo de transacciones, los intereses implícitos no pueden determinarse por diferencia entre dos valores ciertos, como es el caso del intercambio de dinero. Se recibe (o entrega) un bien o servicio, y por contrapartida se entregará (o recibirá) dinero. Es preciso distinguir: (a) qué porción del precio corresponde al valor del bien o servicio en sí, y (b) qué porción corresponde al interés implícito, ya sea porque no se declararon intereses o porque los que se declararon no responden a la realidad económica.

Para lograr tal distinción, caben dos caminos principales:

A) Si se puede establecer razonablemente (sobre la base de cotizaciones u otro elemento de juicio) el valor de mercado del bien o servicio en cuestión, el excedente del total de dinero a entregar (o a recibir) sobre dicho valor se computa como interés. O sea que primero se determina el valor del bien o servicio y luego, por diferencia, se calcula el interés. En el caso de ventas, generalmente la empresa tiene establecido un precio de contado (que puede ser el precio de factura menos el descuento por pago al contado). Tal precio de contado es habitualmente representativo del valor de mercado del bien o servicio vendido.

B) Si no puede establecerse directamente el valor del bien o servicio en sí, se procede a la inversa: primero se estima el interés y por diferencia se determina el valor del bien o servicio. En otras palabras, el valor actual –calculado por medio de una tasa de descuento– del dinero a entregar (o a recibir) se computa como valor del bien o servicio, y el importe del descuento representa el interés. La tasa de descuento a utilizar no es la tasa general del mercado, si es que se puede hablar de tal tasa; ni una tasa general o promedio de todas las operaciones financieras de la empresa. La tasa de descuento a utilizar debe ser aquella que refleje el interés que hubiesen declarado partes independientes con respecto a una transacción similar en condiciones similares, teniendo en cuenta garantías, vencimientos, cláusulas especiales, etc. El objetivo es revelar el interés implícito de la transacción individualmente considerada; o sea, simplemente, superar la falta de expresión formal del interés inherente a la transacción.

Intercambio de dinero acompañado del otorgamiento de ciertos derechos o beneficios

Existen transacciones en que, además de intercambiarse dinero, una de las partes concede a la otra ciertos derechos o beneficios. Se trata en realidad de transacciones que combinan las condiciones señaladas en los dos acápites precedentes; por lo tanto, deben combinarse los criterios indicados respectivamente para dichas condiciones. Por ejemplo, un cliente otorga a un proveedor un préstamo en dinero sin interés por cierto tiempo, al cabo del cual el cliente tiene derecho a adquirir mercaderías a precios preferenciales. En este caso existe un interés implícito equivalente al ahorro en el costo de la mercadería. Entonces corresponde al cliente reconocer el interés implícito (crédito contable) y como contrapartida aumentar el costo de la mercadería adquirida (débito contable). Esto puede hacerse por medio de uno de los dos procedimientos indicados en A y B del acápite inmediato anterior, según corresponda.

Valuación de las cuentas a cobrar y a pagar

Hoy en día es una práctica generalizada presentar los intereses a devengar restando de las respectivas cuentas a cobrar y a pagar. En consecuencia, en tanto medien intereses explícitos, las cuentas a cobrar y a pagar estarán reducidas por el respectivo interés a devengar correspondiente al período que media entre la fecha del balance y la fecha convenida de cobranza o pago. Y ocurrirá lo mismo, aunque no medien intereses explícitos, en la medida en que se separen los implícitos. Ello implica que las cuentas a cobrar y a pagar se cuantifican en el balance (netas de los intereses a devengar) a un valor descontado.

Sin embargo, dicho valor descontado lo es en función de la tasa de interés pactada originalmente, a la cual podemos llamar tasa de interés histórica.

Y no necesariamente ese valor habrá de concordar con el valor actual propiamente dicho; o sea, descontado a una tasa de interés actual, similar a la que se pactaría la operación a la fecha del balance. El interés es un precio que como cualquier otro bien puede variar entre la fecha de la operación y la del balance.

Lo antedicho conduce a la pregunta de si no correspondería revaluar las cuentas a cobrar y a pagar en atención a la tasa de interés actual. Esto significaría ajustar el interés a devengar que se resta del valor nominal para llegar al valor descontado. Lógicamente, la respuesta a la pregunta depende del sistema contable en el cual uno se ubique.

Dentro del marco de la contabilidad histórica es coherente mantener las cuentas a cobrar y a pagar descontadas a la tasa de interés histórica. Esto significa aplicar valores históricos tanto a los activos no monetarios como a los activos y pasivos monetarios. No obstante, aun bajo la contabilidad histórica cabe la duda siguiente. En general, la valuación de un activo no monetario a su costo histórico es válida en tanto su valor recuperable no sea inferior. Ahora bien, en el caso de activo monetario neto, ¿no correspondería *previsionar* la pérdida monetaria futura inherente al valor actual del activo, si ella no está cubierta por las respectivas cuentas de intereses a devengar? El principio general de imputación de los resultados financieros puede justificar el criterio de no hacer la previsión, sobre la base de que el resultado financiero futuro corresponde al ejercicio siguiente. No obstante, si tal pérdida monetaria futura se estima significativa, por lo menos correspondería exponerla en una nota.

Con un modelo de contabilidad del valor corriente sería coherente propugnar la revaluación de las cuentas a cobrar y a pagar en función de la tasa de interés actual. Sin embargo, este es un tema que se encuentra en un estado bastante embrionario. Dicha revaluación implica problemas conceptuales que aún no han sido debidamente analizados en el terreno doctrinario. No se cuenta con antecedentes significativos en el campo normativo (legislación, pronunciamiento de profesionales, etc.). Y no existe en ningún país del mundo una práctica generalizada en tal sentido. Incluso la mayoría de los defensores de la contabilidad del valor corriente no han avanzado mucho en sus postulaciones en cuanto al revalúo de cuentas a cobrar y pagar.

Resultados monetarios futuros

Los activos y pasivos monetarios de hecho representan pesos de hoy en virtud de un valor nominal fijo. Sin embargo, dentro de estos rubros corresponde distinguir las disponibilidades, que ya son pesos de hoy, de las cuentas a cobrar y a pagar, que representan pesos que se van a obtener o consumir mañana. Si tengo $ 100 en Caja, obviamente dispongo de cien unidades de moneda de hoy; pero si dentro de un año cobraré $ 100, y la inflación anual será de 100% (o sea que el poder adquisitivo del dinero bajará a la mitad), los $ 100 a ingresar equivaldrán a cincuenta unidades de moneda de hoy.

Estamos planteando la posibilidad de convertir a moneda de hoy los pesos a ingresar y a consumir en el futuro, a efectos de valuar en el balance las cuentas a cobrar y a pagar, respectivamente. Esta conversión entraña la inclusión en el estado de resultados del ejercicio de las pérdidas y ganancias monetarias que supuestamente causará la inflación futura sobre dichas cuentas. Para simplificar, a estos efectos los denominaremos "resultados monetarios futuros".

Si (a) la valuación de la cuenta a cobrar o a pagar ha sido reducida como corresponde por medio del interés a devengar respectivo, (b) la tasa de interés (sea explícita o implícita) contiene el correspondiente sobreprecio de inflación y (c) no hay diferencia entre la tasa de interés histórica y la actual, el resultado monetario futuro ya estará cubierto por el interés diferido. En otras palabras, si la valuación es neta del interés a devengar y si por hipótesis éste comprende un sobreprecio de inflación equivalente al resultado monetario futuro, dicha valuación será obviamente neta de este resultado.

Sin embargo, en la práctica:

a) La separación de los intereses implícitos no es suficientemente generalizada y/o afinada como para garantizar que todas las cuentas a cobrar y a pagar se vean reducidas por el correspondiente interés a devengar.
b) No necesariamente la tasa de interés comprende el correspondiente sobreprecio por inflación. Por ejemplo, en la Argentina ha sido habitual que los bancos presten dinero a una tasa de interés inferior a la tasa de inflación; esta situación se ha denominado como de tasa de interés negativa (en términos reales).

c) La diferencia entre la tasa de interés histórica y la actual bien puede significar que el sobreprecio incluido originalmente en la primera no cubra la inflación actual inherente a la segunda.

El problema indicado en a) se resuelve por medio de la separación adecuada de todos los intereses implícitos que tengan efecto significativo. Pero los problemas señalados en b) y c) son de más difícil solución. Su análisis escapa al propósito de esta obra de carácter general. Esperamos ahondar el tema en una oportunidad venidera. De todos modos, creemos que la contabilidad del valor corriente ofrece un marco conceptual más propicio que la contabilidad histórica para dar una solución aceptable a estos dos problemas.

CAPÍTULO 8

AJUSTE DE LOS RUBROS NO MONETARIOS.
ASPECTOS ESPECIALES

El caso integral analizado en el Capítulo 6 incluyó el tratamiento de ciertos rubros no monetarios:

- ➢ Los valores negociables, como ejemplo típico de un activo no monetario medido a su valor corriente.
- ➢ Los inventarios y el activo fijo, que en general constituyen los principales activos no monetarios; en este caso, medidos al costo histórico.
- ➢ El capital aportado.
- ➢ El resultado acumulado al inicio del primer ejercicio en que se practica el ajuste.
- ➢ El resultado por tenencia proveniente del revalúo de los valores negociables.
- ➢ El flujo a resultados de los inventarios y del activo fijo: el costo de ventas, la depreciación del activo fijo y el valor residual de los bienes dados de baja.
- ➢ Las partidas de resultados que representan operaciones monetarias de resultados: ventas, gastos, etc.

En este capítulo examinaremos aspectos que no hemos tratado en capítulos anteriores:

- ➢ El ajuste de los créditos y pasivos en especie.
- ➢ La problemática de anticuar los inventarios medidos al costo histórico.

- ➤ El modelo de ajuste de los inventarios y del costo de ventas medidos al costo de reposición.
- ➤ El ajuste de las inversiones, que incluye dos temas especiales: el tratamiento de los dividendos percibidos en el caso de medición al costo histórico y el ajuste de los resultados provenientes del método de valor patrimonial proporcional.
- ➤ En materia de activo fijo, el tratamiento de revalúos que pudieron haberse contabilizado y la incidencia de las obras en curso en la anticuación de las adiciones.
- ➤ El ajuste de los activos intangibles.
- ➤ El tratamiento de las cuentas que componen el patrimonio neto.

Créditos y pasivos en especie

Los créditos en especie son asimilables a cualquier otro activo no monetario. En la contabilidad en moneda nominal habrán de estar medidos, en principio, conforme a las reglas de medición de los bienes o servicios a recibir. Si están medidos a su costo histórico deben ajustarse en función de su antigüedad, y luego replantear la norma de "costo (ajustado) o mercado, el menor". Si están medidos a su valor corriente no son ajustables, pero corresponde ajustar el valor anterior que sirvió de plataforma para la determinación del resultado por tenencia incluido en el estado de resultados.

Los anticipos a proveedores pueden ser monetarios o no monetarios, según las circunstancias. Si el proveedor se reserva el derecho de aumentar el precio, en tanto el anticipo queda congelado a su valor nominal fijo en moneda del país, se trata entonces de un activo monetario. En cambio, si se asegura el precio de los bienes o servicios a recibir, el anticipo constituye un derecho en especie; vale decir que es un activo no monetario.

Asimismo, los pasivos en especie son no monetarios. En general, en la contabilidad en moneda nominal están medidos a su valor corriente. Por lo tanto no son ajustables, pero corresponde recalcular el saldo de la cuenta de resultados afectada por su medición. Por ejemplo, supongamos que un pasivo en especie estaba valuado a $ 100 al inicio del mes, y a moneda nominal al cierre del mes se elevó a $ 120 debido al incremento en el precio específico de la especie, dando lugar a un cargo de $ 20 a la cuenta pertinente de gastos. Supongamos además que la tasa de inflación del mes fue de 3%. Entonces la conversión del saldo inicial a moneda de cierre aumentaría dicho saldo a $ 103, y el cargo al gasto debería ser de $ 17. Sin embargo, por razones prácticas y si la diferencia no es mayormente significativa, el pasivo no monetario a valor corriente se asimila a un pasivo monetario, y entonces los $ 3 del ajuste inicial del ejemplo quedan como parte de la ganancia monetaria, en lugar de reducir el gasto pertinente.

Con los anticipos recibidos a cuenta con el compromiso de entregar ciertos bienes o servicios pasa algo similar a lo que ocurre con los créditos por anticipos, que referimos precedentemente. Si congelan precio, el pasivo es en especie; ergo, es no monetario. Si no congelan precio, la deuda a favor del cliente es solo por el dinero recibido; por lo tanto, es monetaria.

Anticuación de los inventarios medidos al costo histórico

En la mayoría de los casos es demasiado trabajoso establecer en forma precisa la antigüedad de los numerosos artículos que suelen componer los inventarios, y por ello es conveniente recurrir a métodos estimativos de anticuación. En una obra de carácter general como ésta, resulta virtualmente imposible anticipar los múltiples tipos de soluciones que habrán de adoptarse para resolver los innumerables casos reales. Simplemente trataremos de esbozar algunos conceptos o herramientas que podrán servir de guía para la determinación del procedimiento aplicable específicamente a una situación concreta.

A los fines de tal esbozo, comenzaremos por tratar las materias primas y las mercaderías de reventa, distinguiendo el enfoque en función del método contable empleado para determinar el flujo de costos: FIFO (primero entrado, primero salido), LIFO (último entrado, primero salido), promedio ponderado, etc. Luego examinaremos los productos en proceso y los productos terminados, que incluyen, además de las materias primas, los gastos de fabricación incorporados al producto. Por separado veremos los inventarios valuados al costo estándar.

Dedicaremos también algunos párrafos al ajuste de previsiones sobre desvalorización de inventarios, debidas a productos deteriorados, obsoletos o de escaso movimiento.

Pero, antes de entrar en el análisis de las alternativas mencionadas, es oportuno comentar la disponibilidad de una herramienta que puede llegar a emplearse en cualquiera de esas alternativas. Podemos llamarla "hacer un ABC". La idea proviene de una técnica utilizada en el diseño de sistemas administrativos, que en sustancia responde al viejo concepto de comparar costos con beneficios. Se emplea, por ejemplo, en el control de inventarios: a pocos artículos, denominados ítems A, que son muy significativos en valor (o críticos por un factor especial) y que suelen representar en valores un porcentaje importante del total del inventario, se los somete a un grado de control bastante mayor que al resto; un segundo grupo de artículos, denominados ítems B, es sometido a cierto grado de control; y por ultimo un tercer grupo, denominado ítems C, es sujeto a un control mínimo, porque el beneficio de un mayor control no justificaría el costo de su aplicación. Esta idea es perfectamente extrapolable al ajuste por inflación: los ítems A son objeto de una anticuación precisa, en tanto que los ítems B y C son anticuados sobre la base de métodos estimativos, o incluso los ítems C directamente no son ajustados, porque su ajuste se presume insignificante.

Materias primas y mercaderías de reventa

La antigüedad de las materias primas y mercaderías de reventa puede estimarse sobre la base de su índice de rotación, la comparación del stock con las últimas compras del ejercicio, etc. Pero en general los procedimientos de este tipo tienden a indicar la antigüedad física, en tanto que los valores asignados en la contabilidad –sobre los cuales hay que aplicar los coeficientes de ajuste– es probable que tengan una antigüedad distinta de la física. La antigüedad física concuerda con la de los valores asignados si es que se emplea el método FIFO; pero no es así en el método de promedio ponderado, y mucho menos en el método LIFO. Por ejemplo, para una empresa que utiliza LIFO año base, bien puede ocurrir que un artículo en stock comprado hace un mes tenga asignado un costo que se remonta a varios años atrás; no tendría sentido entonces aplicar sobre dicho costo el coeficiente de inflación correspondiente al último mes.

Artículos valuados a FIFO

En este caso el problema se simplifica porque, como dijimos precedentemente, la antigüedad física concuerda con la de los valores.

Para estimar la antigüedad puede recurrirse a un método que denominamos "FIFO global". Este método consiste en suponer que las compras más recientes conforman la anticuación de los inventarios. Por ejemplo, supongamos que el saldo de inventarios al 31/12/X (fecha de cierre) es de $ 2.000 y que las compras de los últimos meses son: diciembre, $ 700; noviembre, $ 900, y octubre, $ 600. Entonces se supone la siguiente antigüedad: diciembre, $ 700; noviembre, $ 900, y octubre, $ 400; total, $ 2.000. De las compras de octubre por $ 600 solo se toman $ 400, porque con este importe se llega a cubrir el saldo de $ 2.000.

Otro procedimiento es estimar la antigüedad en función de la rotación. Por ejemplo, una rotación de dos veces al año, que equivale a una permanencia de seis meses, significa una antigüedad promedio de tres meses aproximadamente; esto porque los artículos que están por cumplir el período normal de permanencia tendrán una antigüedad de casi seis meses, pero también están los artículos que acaban de incorporarse al inventario, etc. El siguiente ejemplo adicional puede ayudar a ilustrar este aserto. Supongamos una rotación de una vez en el año, lo cual significa que en el inventario se encuentran las compras del año. La permanencia es de 12 meses, pero la antigüedad promedio de las compras oscilará alrededor de los 6 meses.

Los métodos estimativos como el FIFO global o el basado en la rotación pueden emplearse con un solo cómputo para el total de un rubro, o bien calcularse separadamente por subcuentas o grupos de artículos, si se dispone de información a tal efecto.

Artículos valuados a promedio ponderado

En este caso la antigüedad física es menor que la antigüedad de los valores, debido a la influencia relativa de los precios antiguos dentro del promedio ponderado. Sin embargo, los precios actuales tienden a pesar mucho más que los precios anteriores, y por lo tanto la brecha entre la antigüedad física y la de los valores suele no ser demasiado significativa. Por ello, para artículos valuados a promedio ponderado puede ser aceptable emplear métodos estimativos de anticuación similares a los que se utilizan para artículos valuados a FIFO que comentamos en el acápite inmediato anterior. Queda en claro que tales métodos tienden a una subestimación de los inventarios ajustados, que se acepta en aras de la practicidad, siempre y cuando el error dispuesto no sea verdaderamente significativo.

Artículos valuados a LIFO

Aquí carece de sentido emplear métodos estimativos de anticuación como el FIFO global o el basado en la rotación, por cuanto normalmente los valores se remontan mucho más atrás que la antigüedad física. Los principales procedimientos que pueden adoptarse son los siguientes:

a) Determinar la antigüedad de los precios asignados a los artículos. Esto puede requerir un trabajo muy costoso artículo por artículo. El trabajo se simplifica si se emplea LIFO año base y una porción importante del inventario puede localizarse en una sola fecha dada.

b) Recalcular previamente un FIFO y luego ajustarlo por inflación. Esto puede hacerse con los artículos más significativos si ellos en valores suman una porción bien grande de los inventarios (técnica del ABC comentada anteriormente). Entonces la relación promedio "FIFO ajustado ÷ LIFO histórico" que surge de dichos artículos se puede extrapolar al resto de los artículos.

Productos en proceso y productos terminados

Para estos productos suele ser conveniente estimar un promedio de composición porcentual de los elementos del costo. Supongamos el ejemplo siguiente para los productos terminados:

	%
Depreciación del activo fijo	20
Gastos de fabricación	50
Materia prima	30
Total	100

Tal promedio puede obtenerse por cuenta global, si no hay diferencias muy significativas entre los diversos artículos, o bien puede ser preferible establecer distintos promedios por grupos de artículos.

Al porcentaje de la depreciación se le puede asignar un coeficiente de ajuste basado en el promedio de ajuste del activo fijo empleado en la fabricación de los productos.

En cuanto al porcentaje de gastos de fabricación, puede determinarse su antigüedad de la siguiente forma. Si se trata de productos en proceso la estimación se hace directamente en función de la rotación de estos productos: 12 meses dividido rotación anual es igual a permanencia; antigüedad promedio es igual a permanencia dividido 2. Si se trata de productos terminados se hace lo propio con base en su rotación, pero a la antigüedad promedio resultante corresponde agregarle la totalidad de la permanencia previa como producto en proceso. Aquí la antigüedad adicional correspondiente al tránsito como producto en proceso es igual a la permanencia (y no a ésta dividido 2), porque se supone que todos los productos terminados ya pasaron la totalidad del período de permanencia como productos en proceso.

Con respecto al porcentaje de materia prima, a la antigüedad determinada según el párrafo anterior corresponde agregarle toda la permanencia como materia prima pura (aquí la antigüedad adicional es igual a la permanencia y no a ésta dividido 2). Esto siempre y cuando la materia prima haya sido cargada al proceso de acuerdo con el método FIFO, o aun al promedio ponderado. En cambio, si la materia prima fue transferida a LIFO, la permanencia no es computable como indicador de la antigüedad, porque los precios transferidos habrán de ser más recientes que la antigüedad física. Sin embargo, puede determinarse en forma global y estimativa la antigüedad que tiene un precio LIFO en el momento en que se transfiere a proceso. Habitualmente el período en cuestión habrá de ser bien corto.

Inventarios valuados a costo estándar

Si los inventarios están valuados a costo estándar, corresponde distinguir tres fechas distintas:

1. La fecha en que se determinó el estándar.
2. La fecha en que el estándar equivale al costo real histórico (FIFO o promedio ponderado, etc.) al que hipotéticamente se aproxima la valuación de los inventarios en el balance objeto de ajuste.
3. La fecha en que el estándar iguala aproximadamente el costo real actualizado.

Tomemos como ejemplo un balance al 31 de diciembre. El estándar bien pudo determinarse a mediados de año (fecha indicada en 1). En épocas de inflación, a fin de no modificar el estándar demasiadas veces, es habitual fijar uno que inicialmente supere el costo real para que gradualmente éste, en su función creciente, lo alcance y lo sobrepase. En el ejemplo, la gráfica comparativa podría ser así:

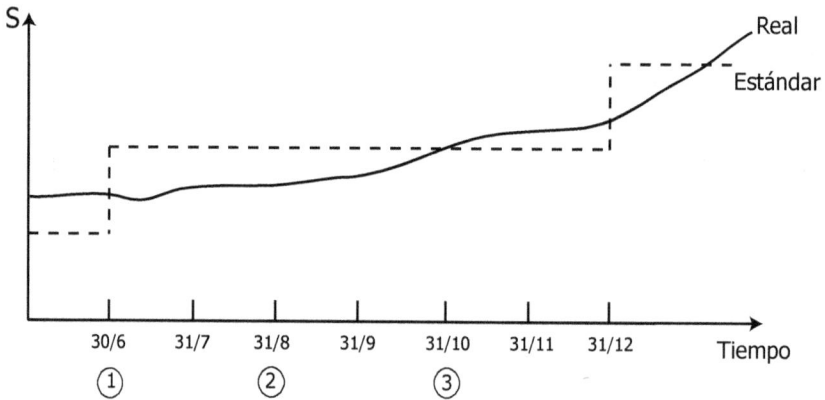

Siguiendo con el ejemplo, digamos que el estándar iguala aproximadamente al costo real actualizado a fines de octubre (fecha indicada en 3).

Pero supongamos ahora que los inventarios tienen una antigüedad física de cuatro meses. Entonces la aceptación del estándar para valuar los inventarios reconoce tácita o explícitamente la hipótesis de que el estándar equivale a un costo real histórico que en el tiempo debe localizarse a fines de agosto (fecha indicada en 2). Tal equivalencia se sustenta en el criterio generalmente aceptado de que el estándar no es válido de por sí, sino por su aproximación al costo real histórico. Justamente la apropiación (en la medida correspondiente) de las cuentas de variaciones a los inventarios finales responde a dicho criterio.

En el ejemplo considerado, si los inventarios están valuados a un estándar que iguala aproximadamente el costo real actual a fin de octubre, y dichos inventarios datan de fin de agosto, debe colegirse que los inventarios están sobrevaluados. Sin embargo, esta situación es un "error" que en la contabilidad histórica suele pasarse por alto, si no es muy significativo. En este caso es preferible tomar como antigüedad, a los fines del ajuste por inflación, el mes de octubre, y no el de agosto. Así se evita repetir en el ajuste por inflación el "error" cometido en la contabilidad histórica.

En cambio, si no hay una diferencia material entre ambas fechas indicadas en 2 y 3 –que es lo correcto para la contabilidad histórica–, es más o menos lo mismo anticuar el estándar atendiendo a la fecha señalada en 3 que hacerlo sobre la base de la rotación u otro procedimiento estimativo aplicable a inventarios valuados a costos reales.

Previsiones sobre desvalorización de inventarios

Estas previsiones tienen por objeto reducir el valor contable de ciertos inventarios (deteriorados, obsoletos o de escaso movimiento) a su probable valor neto de realización. A los fines del ajuste por inflación corresponde enfocar dichas previsiones de acuerdo con su objetivo:

> ➤ Del total de inventarios deben separarse aquellos que no tienen relación con la previsión. Por ejemplo:

Inventarios reducidos a su valor neto de realización por medio de la previsión	
Valor original	3.000
Menos – Previsión	2.000
Valor neto de libros	1.000
Inventarios no relacionados con la previsión	8.000
Total	9.000

> ➤ En principio, el ajuste de la previsión habrá de ser igual al de los inventarios inherentes a ella. Siguiendo con el ejemplo considerado, supongamos que el ajuste por inflación de los $ 3.000 es de $ 800; también $ 800 será el ajuste de la previsión; de manera que el valor neto ajustado se mantiene en $ 1.000. Dado que existe un límite máximo, claro está que el ajuste por inflación no puede superarlo. En sustancia, el valor neto contable se está tratando como rubro no monetario a valor corriente: no se ajusta.

> ➤ El ajuste de los $ 8.000 restantes podría originar un incremento extra de la previsión ajustada, en la medida en que tal incremento no sea recuperable. Vale decir que, en términos ajustados, es probable que la previsión tenga que cubrir adicionalmente ítems que no la necesitaban dentro del esquema del costo histórico.

Inventarios y costos de ventas medidos al costo de reposición

En general, el procedimiento contable no solo consiste en revaluar el stock, sino también en determinar consecuentemente el costo de ventas a costo de reposición; en este procedimiento la ecuación de costo de ventas responde a la estructura siguiente:

Inventario inicial, a costo de reposición
Más – Compras y gastos cargados a los inventarios
Más (menos) – Ganancias (pérdida) por tenencia
Menos – Inventario final, a costo de reposición
Igual – Costo de ventas, a costo de reposición

En este caso los inventarios en stock ya están expresados en moneda homogénea de la fecha de su existencia. En cuanto a la ecuación de costo de ventas:

➤ Corresponde convertir el inventario inicial a moneda de cierre.
➤ Las compras y gastos se ajustan de la misma manera que con el modelo de costo histórico.
➤ El costo de reposición en moneda nominal de cada mes está actualizado en moneda del mes respectivo. Por lo tanto, se debe convertir a moneda de cierre de igual forma que las transacciones monetarias de resultados (ventas, gastos, etc.). Vale decir que no corresponde computar la antigüedad previa del stock, como ocurre con el modelo de costo histórico.
➤ El inventario final ya está en moneda de cierre.

El siguiente ejemplo ilustra lo antedicho, suponiendo una inflación anual de 20% y una inflación "media" de 10% (aplicable a las operaciones monetarias del año, conforme vimos en el Capítulo 6):

	$ Moneda nominal	Coeficiente de ajuste	$ Moneda de cierre
Inventario inicial	500	1,2	600
Compras y gastos	4.000	1,1	4.400
Ganancia por tenencia	400		320
Inventario final	(700)	1,0	(700)
	4.200	1,1	4.620

En el cuadro precedente la ganancia por tenencia ajustada surge por diferencia: iguala el importe necesario para mantener la ecuación de costo de ventas. Nótese que ella es menor que en moneda nominal, porque es neta de la tasa de inflación pertinente, a pesar de que se incremente por su conversión a moneda de cierre. Si se la convierte a moneda de mitad del año se reduce a $ 291 ($ 320 ÷ 1,1), cifra comprobable con los $ 400 de ganancia por tenencia en moneda nominal.

Si la empresa emplea un costo estándar permanentemente actualizado, los inventarios y el costo de ventas tienden a aproximarse al costo de reposición.

Inversiones

Las inversiones pueden comprender rubros que intrínsecamente ofrecen características de créditos, inventarios o activo fijo, según los casos. Por consiguiente, les son aplicables las consideraciones hechas para estos otros rubros.

En cuanto a las acciones, en la contabilidad en moneda nominal ellas pueden estar medidas de distinta manera según el tipo de acciones y de acuerdo con las normas aplicables:

➢ A su valor de cotización en el mercado.
➢ De acuerdo con el método de valor patrimonial proporcional.
➢ Al costo histórico.

Conforme vimos en capítulos anteriores, las acciones medidas a su valor de cotización, en su carácter de activo no monetario a valor corriente, no se ajustan; pero deben ajustarse los valores anteriores que se jugaron en la determinación de los resultados por tenencia de las acciones.

Más adelante, en esta misma sección, trataremos las acciones medidas de acuerdo con el método de valor patrimonial proporcional.

Las acciones medidas a su costo histórico deben ajustarse en función de su antigüedad, como cualquier otro activo no monetario valuado de tal manera, y luego replantear la norma de "costo (ajustado) o mercado, el menor". Pero el ajuste puede presentar una cuestión adicional: cómo tratar los dividendos percibidos en acciones, en el caso de que se hayan incorporado a un valor determinado. Si se sigue la pauta general de respetar los criterios de medición, cambiando solo la unidad de medida, correspondería ajustar también dichos dividendos. Sin embargo, pueden existir serias razones para proceder de otra manera, que veremos a continuación.

Dividendos percibidos en acciones

Se ha sostenido que en el caso de acciones medidas al costo histórico no corresponde reconocer una ganancia por los dividendos percibidos en acciones, porque éstos no significan incremento alguno de la riqueza real que representan las acciones. Con este criterio no se otorga valor a los dividendos percibidos en acciones. Sin embargo, en el caso de que los dividendos percibidos en acciones se incorporen a un cierto valor, la existencia de la inflación puede plantear un problema adicional, que referimos en el párrafo siguiente.

Gran parte de los dividendos percibidos en acciones suelen corresponder a ganancias ficticias, porque en su determinación no se contemplaron los efectos de la inflación. Por lo tanto, carece de sentido reconocer y ajustar esas ganancias para luego anular su reconocimiento, con el solo propósito de distinguir los dos pasos de ajustar por inflación y luego comparar con el valor recuperable. Es más razonable aprovechar la oportunidad de los ajustes por inflación para negarles directamente valor a los dividendos que presentan las características señaladas.

Esto no significa que todas las acciones recibidas en concepto de dividendos no tengan valor alguno y deban sufrir el mismo tratamiento. Por el contrario, aquellos dividendos que justifiquen haber sido verdaderos activos deben corregirse atendiendo a los cambios en el nivel general de precios y luego compararse con los valores de mercado a los efectos consiguientes.

Por otra parte, aunque una empresa haya activado dividendos en acciones provenientes de ganancias no ajustadas, al cerrar sus balances debió aplicar, como lo prescriben los principios contables, la clásica norma de "costo o mercado, el menor". Esto es aplicable tanto para las acciones recibidas por dividendos como para las acciones anteriores que devengaron esos dividendos. Si fue así, es muy probable que todas las acciones se mezclaron y sumaron para dar lugar a un monto total que no debe superar el valor actual del conjunto. En consecuencia, no cabe separar los dividendos para otorgarles un tratamiento diferencial.

Lo que acabamos de afirmar se basa en el mantenimiento y cumplimiento de las normas contables en vigor. Si, en cambio, se generalizan los ajustes por inflación que proponemos, cabe esperar que las empresas determinen ganancias ajustadas por inflación, y entonces no existirá el problema de los "dividendos ficticios".

Previsiones para desvalorización de inversiones

El tratamiento a dar a estas cuentas es similar al de las previsiones sobre desvalorización de inventarios. No se ajustan sobre la base de su propia antigüedad, sino que deben incrementarse lo necesario para mantener el objetivo de valuar determinados bienes a su probable valor neto de realización.

Inversiones medidas de acuerdo con el método de valor patrimonial proporcional

Para ilustrar este punto recurriremos directamente a un ejemplo sencillo. Supongamos que la empresa "A" inicia sus operaciones el primer día del año con un capital suscripto e integrado de $ 1.000, del cual la empresa "B" participa en un 60%. La inflación de principio a fin del año fue de 30%. Al cabo del año el balance de la empresa "A" arroja lo siguiente:

	$ Moneda nominal	$ Moneda de cierre
Capital aportado	1.000	1.300
Ganancia del ejercicio	400	200
	1.400	1.500

La empresa "B" registró su inversión original de $ 600, que a fin de año, ajustada por inflación, alcanza $ 780 ($ 600 x 1,3). Para que "B" pueda computar en sus estados contables ajustados la participación en la ganancia de "A", "B" necesita el dato de los $ 200 de ganancia ajustada de "A". Sobre esta base reconocerá un incremento patrimonial de $ 120 (60% de $ 200), que eleva el valor ajustado de la inversión a $ 900; o sea, el 60% de $ 1.500, cifra que corresponde al patrimonio neto ajustado de "A" al cabo del año.

Generalizando las conclusiones del ejemplo, podemos decir que la aplicación por parte de la empresa tenedora del método del valor patrimonial proporcional ajustado por inflación requiere el ajuste de los estados contables de la empresa emisora, a fin de que la primera compute apropiadamente su participación en la ganancia ajustada de la segunda.

Activo fijo

En el caso integral del Capítulo 6 vimos el ajuste de los costos originales y de la depreciación acumulada. A continuación trataremos dos temas especiales: la existencia de revalúos contables y la problemática adicional de las obras en curso.

Revalúos contabilizados

La norma general es que el activo fijo se mida a su costo histórico neto de su depreciación. Sin embargo, en algunos países y en determinadas épocas se ha permitido, o aun se impuso como obligatorio, el revalúo del activo fijo. Básicamente, existen dos tipos de revalúo del activo fijo: uno en función del incremento en el nivel general de precios, el otro basado en función del incremento en los precios específicos. Ambos tipos de revalúos se suelen acreditar a una reserva de capital, en el caso de incremento en el nivel general de precios porque al tratarse de un ajuste no integral se desconoce si la contrapartida es ganancia monetaria por los pasivos o ajuste de capital, y entonces se opta por un criterio conservador; en el caso de incrementos en los precios específicos, el criterio conservador se refuerza en el sentido de no acreditar a resultados las ganancias por tenencia.

En el caso de revalúo en función del incremento en el nivel general de precios, es común que el procedimiento aplicado difiera en ciertos aspectos del procedimiento del ajuste integral por inflación que se propone. Si así fuese, lo más práctico suele ser reemplazar el revalúo contabilizado por el ajuste por inflación correspondiente, en línea con el ajuste del resto de los rubros de los estados contables.

En el segundo caso el revalúo se orienta al costo de reposición. Si se practica a la fecha de cierre del balance ajustable por inflación estamos en presencia de un activo no monetario a valor corriente, que no se ajusta en tanto se mantenga la pauta de respetar el criterio de valuación contabilizado. Si se parte del concepto de mantenimiento de capital financiero, ello da lugar al reconocimiento de resultados por tenencia del activo fijo, con toda la problemática que esto significa. Este tema lo analizamos en los capítulos 13, 14 y 15, pertenecientes a la parte cuarta del libro.

Si el revalúo a costo de reposición se efectuó a una fecha anterior a la del balance ajustable por inflación, y no se actualizó, caben dos posibilidades: tomar las cifras revaluadas como si fuesen valores de origen y ajustarlas por inflación a partir de la fecha del revalúo, o dar de baja el revalúo y ajustar por inflación sobre la base de los costos históricos originales. Lo primero constituye un híbrido que podría llegar a justificarse por razones prácticas; lo segundo implica retomar la norma general de medir el activo fijo al costo histórico.

Obras en curso

Para el ajuste de las adiciones suele plantearse cierta dificultad práctica en la anticuación de las partidas que primero fueron cargadas transitoriamente a una cuenta de obras en curso o similar y después fueron transferidas a la cuenta de imputación definitiva. Para tales partidas, a la antigüedad que surge fácilmente de la imputación a la cuenta final corresponde agregarle la antigüedad previa correspondiente al tránsito por obras en curso; y por lo común es difícil o trabajoso determinar con precisión dicha antigüedad "adicional". Sin embargo, en la mayoría de los casos es aceptable establecer la antigüedad en cuestión sobre la base de promedios estimativos que evitan seguir la pista retrospectiva de cada una de las partidas.

Activos intangibles

Los activos intangibles, incluida la llave del negocio, constituyen activos no monetarios, normalmente valuados al costo histórico menos la amortización correspondiente, que deben ajustarse de manera similar al activo fijo.

Patrimonio neto

El patrimonio neto de la empresa en la República Argentina y en otros países se desglosa en tres rubros principales: el capital, las reservas y los resultados acumulados. Dentro de las denominadas reservas se distinguen: las primas de emisión (que en sustancia constituyen una extensión del capital aportado), las cuentas de revalúo (o sea, la contrapartida del revalúo de activos) y las llamadas reservas de utilidades o ganancias apropiadas (como la reserva legal). A los efectos del ajuste, y como principio general:

> ➤ Las primas de emisión son asimilables al capital aportado.
> ➤ Las cuentas de revalúo deben, en general, excluirse, conforme lo indicamos en la sección precedente sobre el activo fijo.
> ➤ Las reservas de utilidades o ganancias apropiadas son asimilables a los resultados acumulados no apropiados.

Para completar el panorama deben tenerse en cuenta las transferencias entre los rubros del patrimonio neto: las capitalizaciones de cuenta de revalúo y de ganancias (dividendos en acciones), las absorciones de pérdidas por medio de la reducción del capital o la compensación con cuentas de revalúo, etc.

El caso integral del Capítulo 6 comprende el ajuste del capital y de los resultados acumulados, incluyendo la determinación del resultado acumulado al inicio del primer ejercicio objeto del ajuste, directamente por diferencia entre el patrimonio neto ajustado y el capital ajustado.

En esta sección analizaremos los problemas especiales que plantea el ajuste del patrimonio neto. Pero antes de tratar cada problema individualmente, cabe hacer una importante aclaración general. Paradójicamente, el total del patrimonio neto ajustado no depende del ajuste de los rubros que lo componen (capital, reservas y resultados), sino del ajuste de los activos y los pasivos. En otras palabras, el ajuste de los diversos rubros del patrimonio neto entraña alternativas de clasificación dentro del capítulo que no afectan su total. Ahora bien, la clasificación del patrimonio neto, más allá de la distinción primaria entre el capital aportado y resultados acumulados, responde a disposiciones legales, estatutarias, asamblearias, etc. que en sí no constituyen hechos económicos. En tanto dichas disposiciones se apliquen en función de los datos que proporciona la contabilidad en moneda nominal, es probable que no tenga mayor objeto, ni incluso sentido, extrapolar esas disposiciones al marco del ajuste por inflación, porque si éste hubiese sido la base para aplicarlas, probablemente las cosas desde el vamos habrían sido completamente distintas.

Por las razones apuntadas en el párrafo inmediato anterior, los problemas que examinaremos a continuación, excepto la cuestión de si debe ajustarse o no el capital pendiente de integración y los anticipos a cuenta de futuras suscripciones, solo se presentan cuando se están ajustando rubros originados en el contexto de la contabilidad en moneda nominal; vale decir en el primer ajuste por inflación, así como también en los ajustes subsecuentes en tanto el ajuste no tenga los efectos legales pertinentes. Dichos problemas serán inexistentes cuando los rubros susceptibles de ajuste a su vez hayan sido determinados sobre la base del sistema de ajuste por inflación. Por ejemplo, la cuestión de si debe ajustarse o no la reserva legal existe en tanto ella responde a la apropiación de ganancias determinadas según la contabilidad en moneda nominal; pero tal cuestión habrá desaparecido cuando la reserva legal surja de la apropiación de ganancias ajustadas.

El capital pendiente de integración y los anticipos a cuenta de futuras suscripciones

Por regla general, el capital ajustable debe ser el realmente integrado. Si no existe un efectivo aporte de bienes no media el fundamento del ajuste: la presencia de una inversión cuyo poder adquisitivo es necesario conservar. En nuestro país, las sociedades anónimas incluyen en el patrimonio neto el total del capital suscripto y muestran en el activo el débito de los accionistas por integraciones pendientes. Del capital que figura en el balance corresponde no ajustar una porción igual a dicho débito; esto equivale a corregir exclusivamente el capital integrado. Con idéntico motivo deben ajustarse los adelantos para futuras suscripciones, que suelen presentarse dentro del capítulo de deudas.

Las capitalizaciones de cuentas de revalúo

Por las mismas razones que indican la exclusión de las cuentas de revalúo, no debe computarse la porción del capital correspondiente a la capitalización de dichas cuentas.

Las ganancias capitalizadas

Las cuentas de capital, además de aportes y de transferencias de saldos de revalúo, suelen incluir capitalizaciones de ganancias (en las sociedades anónimas, los dividendos otorgados en acciones). Pero las ganancias capitalizadas, determinadas conforme a la contabilidad en moneda nominal, pueden haber sido ficticias; es decir, ganancias que no habrían sido tales si en su cálculo se hubiesen computado los ajustes por inflación. Por ende, no tiene sentido corregir esas ganancias y establecer, como contrapartida, mayores pérdidas acumuladas. En otras palabras, los ajustes no deben determinar por un lado más ganancias capitalizadas y por otro lado más pérdidas, cuando en realidad nunca existieron las primeras ni, consecuentemente, las segundas. En este caso simplemente no hubo inversión cuyo poder adquisitivo original necesitaba mantenerse.

A fin de identificar las porciones de ganancias ficticias incluidas en el capital sería menester corregir los estados contables de años anteriores en que se determinaron tales ganancias. Sin embargo, es aceptable evitar esta tarea, trabajando exclusivamente con el balance al inicio del primer ejercicio objeto del ajuste, en la presunción de que las ganancias capitalizadas son inexistentes en la medida en que dicho balance ajustado arroje una pérdida acumulada.

Este método no es del todo correcto, porque la existencia actual de pérdidas acumuladas no implica necesariamente que, en su momento, no mediaron ganancias susceptibles de ser corregidas. O sea que esas pérdidas pudieron originarse después de establecerse estas ganancias, caso en el cual hubo inversión cuyo poder adquisitivo original debe tratar de mantenerse. Sin embargo, dicho método puede aceptarse con carácter general, porque la objeción referida carece de mayor importancia en el momento en que se practican los ajustes.

En nuestra opinión, es también válido no computar en absoluto las ganancias capitalizadas, con independencia de que haya pérdida o ganancia acumulada ajustada, por las razones ya esbozadas, en el sentido de que no tiene mayor objeto extrapolar el ajuste por inflación a reclasificaciones enmarcadas en el contexto de la contabilidad en moneda nominal.

Las reservas de utilidades

Las denominadas reservas de utilidades representan restricciones a la distribución de ganancias. En tanto la restricción se refiera a las ganancias determinadas según la contabilidad en moneda nominal, no tiene sentido ajustar dichas reservas, por cuanto la restricción se circunscribe a la cifra no ajustada. Y además esta cifra bien puede no guardar relación alguna con los resultados ajustados; por ejemplo, porque la ganancia acumulada en moneda nominal se convirtió en pérdida acumulada ajustada.

Lo que sí debe ajustarse es el total de los resultados acumulados, tanto apropiados como no apropiados. Esto equivale a ignorar la apropiación a los efectos del ajuste por inflación.

Presentación del patrimonio neto

Teniendo en cuenta lo dicho en los párrafos precedentes, en tanto el ajuste por inflación no se registre en libros, la presentación del patrimonio neto, empleando los rubros que son usuales en la República Argentina, puede ser como sigue:

	$ Moneda nominal	$ Moneda de cierre
CAPITAL SUSCRIPTO		
Aporte	1.500	17.000
Capitalización de saldos de revalúo y de utilidades	2.500	-
	4.000	17.000
RESERVAS		
Primas de emisión	100	900
Saldos de revalúo	3.000	-
Legal	600	-
	3.700	900
RESULTADOS ACUMULADOS	9.700	1.100
	17.400	19.000

El ajuste "global" del patrimonio neto

Con relación exclusivamente al balance inicial del primer ejercicio en que se aplican las correcciones por inflación, se ha sostenido que no es necesario el ajuste de cada una de las cuentas que componen el patrimonio neto; que, en lugar de ello, es aceptable ajustar el patrimonio neto en forma global agregando simplemente un rubro adicional cuyo monto resulta de la siguiente diferencia:

> ➤ activo ajustado menos pasivo (excluyendo patrimonio neto) ajustado
> ➤ menos patrimonio neto sin ajustar.

Dicho monto es igual a la suma algebraica de las correcciones que el método normal determinaría separadamente para el capital y los resultados acumulados. Pero, en vez de aumentarse la expresión del capital y, por lo común, reducirse las ganancias acumuladas, se ocultan estos ajustes dentro de un solo importe neto correspondiente al rubro adicional mencionado.

La crítica principal que puede hacerse al citado procedimiento de ajuste global es que mezcla porciones de capital aportado con resultados acumulados. De tal manera se oculta cuál fue el capital aportado en términos de moneda actual y a cuánto ascienden los resultados acumulados teniendo en cuenta los cambios en el poder adquisitivo de la moneda. Dicho ocultamiento afecta las decisiones vinculadas con el destino de las cuentas del patrimonio neto, especialmente la distribución de las ganancias. Dado que no se ajusta el importe de ganancias acumuladas que arroja la contabilidad en moneda nominal, se está considerando ese importe, en principio, como distribuible, mientras que es probable que el rubro adicional correspondiente al ajuste global incluya pérdidas acumuladas que cancelan total o parcialmente tales ganancias.

No obstante, existen algunos argumentos esgrimidos en favor del procedimiento de ajuste global del patrimonio neto. Se ha sostenido que la distinción entre el capital aportado y los resultados acumulados, ambos corregidos, tiene un valor relativo, por cuanto supone rever un proceso –habitualmente largo– de decisiones y acontecimientos que se consumaron bajo determinadas condiciones de información que ya no tiene mayor objeto replantear, salvo la experiencia que pueda sacarse de ello. En cuanto a la posibilidad de distribuir ganancias ficticias, puede evitarse otorgando al rubro adicional en cuestión, e incluso a las ganancias acumuladas sin ajustar, el carácter de una reserva de capital.

Además, si bien es un principio fundamental que debe distinguirse claramente el capital aportado de los resultados acumulados, y que solo éstos, en la medida en que sean positivos, son distribuibles, en circunstancias extraordinarias es admisible una excepción a dicho principio; por ejemplo cuando se realiza una compensación de capital aportado con pérdidas acumuladas, o una reducción de capital (que en cierta medida equivale a la distribución de porciones de capital aportado), o una fusión de capital aportado con resultados acumulados (como suele hacerse en el caso de las llamadas reorganizaciones de empresas), etc.

Ahora bien, la puesta en marcha de los ajustes por inflación puede considerarse una circunstancia extraordinaria en la vida de la empresa, por cuanto tales ajustes modificarán en gran medida la determinación de la situación patrimonial y el resultado de las operaciones, y ello habrá de influir sobre decisiones fundamentales, las que a su vez afectarán la situación patrimonial y el resultado de las operaciones.

En consecuencia, bien puede una empresa que acaba de computar el primer ajuste de su patrimonio neto de acuerdo con el método normal disponer la compensación de capital aportado con pérdidas acumuladas.

En nuestra opinión, existe una importante diferencia entre el método normal y el procedimiento de ajuste global: el primero expone los datos como corresponden, sin perjuicio de las decisiones ulteriores que puedan modificar esos datos. Los accionistas de una sociedad anónima, por ejemplo, tienen derecho a conocer cuál fue la pérdida acumulada; luego una asamblea puede resolver su compensación con otro rubro del patrimonio neto. Téngase en cuenta que la presencia de una pérdida acumulada de magnitud puede significar que los resultados de los últimos ejercicios fueron mucho menos favorables de lo que acusaron los estados contables preparados de acuerdo con la contabilidad en moneda nominal e incluso que no se obtuvieron ganancias (ajustada por la inflación); en tanto se distribuyeron dividendos y honorarios a directores y se tomaron otras decisiones importantes basándose en dichos estados contables.

Lo señalado en el párrafo anterior avala el método normal de ajuste del patrimonio neto. Sin embargo, justamente esas mismas razones hacen que los administradores de empresas no se sientan muy inclinados a poner de manifiesto pérdidas que se mantuvieron ocultas durante la vigencia de la contabilidad en moneda nominal. En realidad, este es el motivo principal que ha intervenido en defensa del procedimiento de ajuste global.

CAPÍTULO 9

ESTADO DE FLUJO DE EFECTIVO AJUSTADO

No es propósito de este capítulo desarrollar conceptos y técnicas correspondientes al estado de flujo de efectivo en sí. Suponiendo que el lector tiene los conocimientos pertinentes al respecto, nos limitaremos a ver cómo el ajuste por inflación se aplica a dicho estado.

La mecánica usual del estado de flujo de efectivo se sustenta en la ecuación contable, en donde el total de los saldos llamados "deudores" iguala el total de los "acreedores". Si se suman los deudores y se restan los acreedores, el resultado arroja siempre cero. Entonces, pasando términos, el saldo de cualquier cuenta iguala la suma algebraica de los saldos de las demás cuentas. Esto es aplicable al saldo de disponibilidades (efectivo), que podemos representar así:

> Saldo de efectivo = Suma algebraica de los saldos de las demás cuentas

Tal igualdad se repite en distintas situaciones a lo largo del tiempo. Si se restan miembro a miembro dos situaciones al inicio y al cierre de un período dado, se da la siguiente igualdad:

> Variación del saldo de efectivo = Suma algebraica de las variaciones
> en las demás cuentas

Esta igualdad sirve de plataforma para elaborar el estado de flujo de efectivo, en donde las variaciones en los saldos de las demás cuentas explica el porqué de la variación (aumento o disminución) del efectivo, explicación que se expresa en términos de origen y aplicación del efectivo. Pero para que aquellas variaciones tengan sentido como origen o aplicación del efectivo, es necesario hacer ciertos análisis y reclasificaciones. Por ejemplo, la variación neta del activo fijo se desglosa en adiciones, depreciación y bajas. Las adiciones constituyen una inversión que consume efectivo, en tanto que la depreciación se suma a los resultados del ejercicio para anular su deducción como gasto, porque se trata de un gasto que no consume efectivo (el efectivo lo consumen las adiciones). Con el valor residual de los bienes dados de baja ocurre algo similar a la depreciación.

La elaboración del estado de flujo de efectivo ajustado por inflación consiste en respetar el mecanismo indicado precedentemente, pero en vez de computar las variaciones en moneda nominal, se hace lo propio en función de los saldos iniciales y finales ajustados ambos a moneda de cierre. En otras palabras, no se ajustan las cifras en sí del estado de flujo de efectivo en moneda nominal, sino que se construye un juego distinto de variaciones a partir de las cifras ajustadas de los balances generales al inicio y al cierre y del estado de resultados.

Para ilustrar lo antedicho volveremos sobre el caso tratado en el Capítulo 6. Al respecto presentaremos tres cuadros:

A. Análisis de las variaciones patrimoniales – Moneda nominal.
B. Análisis de las variaciones patrimoniales – Moneda de cierre.
C. Estado de flujo de efectivo.

Los dos análisis indicados en A y B tienen la misma estructura:

➢ La primera columna muestra los saldos iniciales.
➢ La segunda columna muestra los saldos finales.
➢ La tercera columna arroja las variaciones entre saldos iniciales y finales, que sirven de base para elaborar los respectivos estados de flujo de efectivo.

Las primera y segunda columnas contienen datos provenientes del Capítulo 7. Para facilitar el camino hacia el estado de flujo de efectivo, hemos preferido mostrar las cifras en términos de "debe" (sin paréntesis) y "haber" (entre paréntesis); de manera que su suma algebraica culmina en cero. La variación de la tercera columna surge de la resta de los saldos iniciales (primera columna) menos los saldos finales (segunda columna), y no a la inversa. De esta manera el signo de la variación concuerda con el signo de la partida respectiva en el estado de flujo de efectivo, facilitando la identificación: positivo – origen de efectivo (sin paréntesis) y negativo – aplicación de efectivo (entre paréntesis). Por ejemplo, en el análisis en moneda nominal, la variación de los créditos por venta es negativa: $ 200 – $ 270 = $ (70), que juegan reduciendo el efectivo, porque representan ventas no cobradas; asimismo, la variación de las deudas financieras es positiva: $ 1.500 – $ 1.700 = $ 200 ("menos menos, da más"), que juegan como origen de efectivo.

En C se comparan los estados de flujo de efectivo en moneda nominal y en moneda de cierre, que surgen de las columnas de variaciones de A y B, respectivamente. Las diferencias más notables son:

➢ En moneda nominal se muestra una ganancia, en tanto que en moneda de cierre se muestra una pérdida.
➢ Las variaciones de ciertas cuentas monetarias constituyen un aumento en moneda nominal pero una disminución en moneda de cierre, debido al efecto de la conversión del saldo inicial a moneda de cierre. Lo mismo ocurre con los inventarios.
➢ El ajuste de la depreciación del activo fijo ($ 982 = $ 2.412 – $ 1.430, o sea 67%), es mayor que el ajuste de las adiciones ($ 281 = $ 2.581 – $ 2.300, o sea 22%).

Esta última diferencia merece un comentario general. En muchos casos reales la diferencia entre el ajuste de la depreciación y el ajuste de las adiciones es bastante grande, debido a la antigüedad del activo fijo. Entonces el total de la depreciación ajustada tiende a superar en gran medida el total de las adiciones ajustadas, lo cual indica que la empresa se está descapitalizando en materia de activo fijo. En cambio, la comparación entre ambos términos expresados en moneda nominal suele ocultar tal descapitalización.

A. Análisis de variaciones patrimoniales – Moneda nominal

	Debe	(Haber)		
	Saldos iniciales	Saldos finales	Variaciones	Análisis
Disponibilidades	100	50	50	
Valores negociables	200	270	(70)	Ganancia por tenencia
Créditos por ventas	1.000	1.500	(500)	
Otros créditos	300	170	130	
Inventarios	760	850	(90)	
Activo fijo – Costo original	6.500	8.300	(1.800)	⌈ Adiciones (2.300) ⌊ Bajas 500
Activo fijo – Depreciación acumulada	(3.560)	(4.940)	1.380	⌈ Deprec. del ejerc. 1.430 ⌊ Bajas (50)
Proveedores locales	(360)	(310)	(50)	
Cuentas a pagar en moneda extranjera	(400)	(500)	100	
Deudas financieras	(1.500)	(1.700)	200	
Otras deudas	(130)	(220)	90	
Capital	(2.000)	(2.600)	600	Aporte de capital
Ganancias acumuladas	(910)	(870)	(40)	⌈ Dividendo (730) ⌊ Ganancia 690
	-0-	-0-	-0-	

B. Análisis de variaciones patrimoniales – Moneda de cierre

	Debe (Haber)		Variaciones	Análisis	
	Saldos iniciales	Saldos finales			
Disponibilidades	120	50	70		
Valores negociables	240	270	(30)	Ganancia por tenencia	
Créditos por ventas	1.200	1.500	(300)		
Otros créditos	360	170	190		
Inventarios	930	875	55		
Activo fijo Costo original	11.772	13.693	(1.921)	Adiciones Bajas	(2.581) 660
Activo fijo Depreciación acumulada	(7.027)	(9.373)	2.346	Deprec. del ejerc. Bajas	2.412 (66)
Proveedores locales	(432)	(310)	(122)		
Cuentas a pagar en moneda extranjera	(480)	(500)	20		
Deudas financieras	(1.800)	(1.700)	100		
Otras deudas	(156)	(220)	64		
Capital	(6.000)	(6.642)	642	Aporte de capital	
Pérdidas acumuladas	1.273	2.187	(914)	Dividendo Pérdida	(825) (89)
	-0-	-0-	-0-		

El encabezado de la columna de montos es **$**

C. Estado de flujo de efectivo

	$ Origen (aplicación)	
	Moneda nominal	Moneda de cierre
EFECTIVO PROVISTO POR OPERACIONES		
Ganancia (pérdida) del ejercicio	690	(89)
Ganancia por tenencia	(70)	(30)
Aumento de créditos por venta	(500)	(300)
Disminución de otros créditos	130	190
Disminución (aumento) de inventarios	(90)	55
Depreciación del activo fijo	1.430	2.412
Valor residual de baja de activo fijo	450	594
Disminución de deuda con proveedores locales	(50)	(122)
Aumento de cuentas a pagar en moneda extranjera	100	20
Aumento de otras deudas	90	64
	2.180	2.794
ACTIVIDADES DE INVERSIÓN		
Adiciones de activo fijo	(2.300)	(2.581)
ACTIVIDADES DE FINANCIACIÓN		
Aumento (disminución) de deudas financieras	200	(100)
Aportes de capital	600	642
Dividendos pagados	(730)	(825)
	70	(283)
DISMINUCIÓN DEL EFECTIVO	(50)	(70)

Para ilustrar la elaboración del estado de flujo de efectivo ajustado por inflación hemos recurrido a un caso bastante simple, que solo incluye unas pocas cuentas típicas. Pero creemos que alcanza para explicar el mecanismo correspondiente: determinar las variaciones entre los saldos iniciales y finales ajustados ambos a moneda de cierre, provenientes del ajuste de los otros estados contables. La única novedad en comparación con el estado de flujo de efectivo no ajustado por inflación es la moneda aplicable a los saldos iniciales y finales. El resto de la problemática es inherente a conceptos y técnicas pertenecientes a dicho estado en sí. Conforme anticipamos el inicio del capítulo, suponemos que el lector tiene los conocimientos pertinentes al respecto.

CAPÍTULO 10

AJUSTE MENSUAL

Una vez que se dispone del ajuste de los estados contables a una fecha dada, la metodología de los ajustes siguientes se simplifica, porque fundamentalmente se basa en dos elementos:

A. La conversión a moneda de cierre de los saldos iniciales ya ajustados a moneda de inicio.
B. La conversión de las operaciones del período a moneda de cierre.

En el caso de los estados contables mensuales, la metodología se simplifica aún más por lo siguiente: a menos que se registren tasas de inflación muy altas, en general se considera que el índice de nivel general de precios de un mes es a la vez el índice correspondiente al cierre de ese mes. Por lo tanto, para las operaciones monetarias del mes el índice de cierre concuerda con el índice de origen; o sea que el coeficiente de ajuste es igual a la unidad, que las operaciones monetarias del mes no se ajustan. Hoy en día, con la tecnología informática disponible, resulta fácil la aplicación de esta metodología.

Una manera práctica de ver el ajuste mensual es enfocarlo en función de un balance de saldos, que comprende tanto las cuentas patrimoniales como las de resultados, compuesto por cuatro columnas de cifras:

1. Los saldos al inicio del mes.
2. Las operaciones monetarias del mes.
3. Las operaciones no monetarias del mes.
4. Los saldos al fin del mes que surgen de 1 + 2 + 3.

Conforme señalamos en A, en un ajuste recurrente se dispone de los saldos al inicio del mes convertidos a moneda de inicio. Por consiguiente, la conversión a moneda de cierre consiste en multiplicar todos los saldos por un mismo coeficiente representativo de la inflación del mes. Esto implica lo siguiente:

➢ En el caso de activos y pasivos monetarios, el ajuste configura las respectivas pérdidas y ganancias monetarias, por cuanto la acumulación al cierre del mes se mantiene a moneda nominal.

➢ En el caso de activos no monetarios medidos a su costo histórico, el ajuste se acumula a las cifras iniciales. Si los valores permanecen en el activo al cierre del mes, el ajuste queda en los saldos finales. Si, en cambio, los valores se cargan a resultados (costo de ventas, depreciación del activo fijo, etc.), el ajuste sigue este destino.

➢ En el caso de activos no monetarios medidos a su valor corriente, son aplicables las alternativas indicadas para los activos monetarios, más una alternativa adicional: si los activos se revalúan en el mes, el ajuste correspondiente del saldo inicial constituye una modificación del valor anterior en el cálculo del resultado por tenencia respectivo.

➢ En el caso de pasivos no monetarios medidos a su valor corriente, el esquema es similar al de los activos no monetarios indicados precedentemente. Aquí es aplicable el ejemplo considerado al principio del Capítulo 8, en el tercer párrafo de la sección "Créditos y pasivos en especie".

➢ En el caso de las cuentas de patrimonio neto y de los resultados del ejercicio, el ajuste se acumula en los saldos ajustados al cierre del mes.

De acuerdo con lo que indicamos más arriba, en un ajuste mensual las operaciones monetarias del mes no se ajustan.

En cuanto a las operaciones no monetarias –en general el flujo de activos no monetarios a resultados (costo de ventas, depreciación del activo fijo, etc.) y el registro de los resultados por tenencia de activos no monetarios–, su ajuste debe tomar en cuenta la acumulación de la inflación correspondiente.

A continuación utilizaremos el caso integral analizado en el Capítulo 6 para ilustrar lo antedicho. Para ello, a las cifras ajustadas al 31/12/21 les agregamos datos correspondientes a enero del año '22. Se supone que la inflación del mes es de 2%.

La aplicación del ajuste mensual al caso comprenderá:

A. Movimiento de enero del año '22 – Moneda nominal.
B. Movimiento de enero del año '22 – Moneda de cierre.
C. Ajuste de ciertas cuentas de resultados (el costo de ventas y la depreciación del activo fijo del mes).

Los saldos iniciales de las primeras columnas de A y de B provienen de la sección IV del Capítulo 6. A su vez, en la segunda columna de B los saldos ajustados al inicio (primera columna) se multiplican por 1,02 (coeficiente correspondiente a la inflación del mes) para convertirlos a moneda de cierre del mes.

En el caso del pasivo monetario neto, el ajuste resultante de dicha conversión, en lugar de sumarse al saldo inicial, pasa a formar parte de la determinación del resultado monetario del mes. De esta manera, la línea del pasivo monetario neto hace las veces de estado de cambios en la posición monetaria. Pero con un esquema mucho más sencillo, porque las operaciones monetarias del mes no tienen efecto en el resultado monetario. El cómputo del resultado monetario del mes se limita al impacto de la tasa de inflación del mes sobre la posición monetaria inicial. Esto, a su vez, implica su análisis en comparación con la metodología que vimos en el Capítulo 7. La apertura de la posición monetaria se practica en una sola línea, pudiendo llegar fácilmente al detalle cuenta por cuenta que se prefiera; es cuestión de aplicar la misma tasa de inflación a cada una de las cuentas.

En A, las operaciones del mes se abren en dos columnas: una para las operaciones monetarias y otra para las no monetarias, a fin de facilitar la comprensión de su distinto tratamiento en B. Conforme a lo indicado más arriba, las operaciones monetarias del mes no se ajustan; o sea que se repiten en B. En cambio, las operaciones no monetarias, representativas del flujo de activos no monetarios a resultados (en el caso, el costo de ventas y la depreciación del activo fijo), sí se ajustan, debido al efecto de la inflación acumulada previamente en el activo. En C se muestra el cómputo del ajuste de estas operaciones.

En lugar de mostrar por separado las distintas cuentas de resultados que constituyen operaciones monetarias (ventas, gastos, etc.), ellas se han agrupado bajo un solo rubro: "Resultados – Operaciones monetarias". Creemos que de esta manera se visualiza mejor el tratamiento que tienen por igual todas esas cuentas; su desglose no hubiese agregado nada a la explicación del ajuste mensual.

A. Movimiento de enero año '22 – Moneda nominal

	Saldos al 31/12/21 (1)	$ - Moneda nominal - Debe (Haber)		Saldos al 31/1/22
		Operaciones de enero		
		Monetarias	No monetarias	
Pasivo monetario neto	(1.010)	(150)		(1.160)
Valores negociables	270		12	282
Inventarios	850	250	(280)	820
Activo fijo				
Costo original	8.300	1.000		9.300
Depreciación acumulada	(4.940)		(77)	(5.017)
Capital	(2.600)	(600)		(3.200)
Resultados acumulados	(870)			(870)
Resultados – Operaciones monetarias (ventas, gastos, etc.)		(500)		(500)
Costo de ventas			280	280
Depreciación del activo fijo			77	77
Ganancia por tenencia de valores negociables			(12)	(12)
	-0-	-0-	-0-	-0-

(1) Estos saldos provienen de la sección IV del Capítulo 6 – Primera columna.

B. Movimiento de enero año '22 – Moneda de cierre

	$ - Debe (Haber)			
	Saldos iniciales		Moneda de cierre	
	Moneda de inicio (1)	Moneda de cierre (2)	Operaciones de enero (3)	Saldos al 31/01/22 (4)
Pasivo monetario neto	(1.010)	(1.010)	(150)	(1.160)
Valores negociables	270	275	7	282
Inventarios	875	893	250 (298)	845
Activo fijo				
Costo original	13.693	13.967	1.000	14.967
Depreciación acumulada	(9.373)	(9.561)	(101)	(9.662)
Capital	(6.642)	(6.775)	(600)	(7.375)
Resultados acumulados	2.187	2.231		2.231
Resultados Operaciones monetarias (ventas, gastos, etc.)			(500)	(500)
Costo de ventas			298	298
Depreciación del activo fijo			101	101
Ganancia por tenencia de valores negociables			(7)	(7)
Resultado monetario		(20)		(20)
	-0-	-0-	-0-	-0-

(1) Estos saldos provienen de la sección IV del Capítulo 6 – Tercera columna.

(2) Columna (1) x 1,02. Pero el ajuste del pasivo monetario neto, en lugar de sumarse al saldo inicial, constituye el resultado monetario ($ 20).

(3) Las operaciones monetarias del mes no se ajustan; son iguales a la segunda columna de A. En cambio, las otras operaciones sí se ajustan; al respecto ver C.

(4) = (2) + (3).

C. Ajuste de ciertas cuentas de resultados

	$ Moneda nominal	Coef. o ref.	$ Moneda de cierre
COSTO DE VENTAS DEL MES			
Inventario inicial	850	B	893
Compras	250		250
Inventario final	(820)	1,03 (a)	(845)
Costo de ventas	280		298

(a) Coeficiente aplicable a la antigüedad de los inventarios.

	Tasa de deprec. (mensual)	Moneda nominal		Moneda de cierre	
		Costo original	Deprec. del mes	Costo original	Deprec. del mes
DEPRECIACIÓN DEL MES					
Rodados (ver análisis más abajo):					
Totalmente depreciados		3.500		7.283	
Sujetos a depreciación	20% / 12	3.500	58	4.351	73
		7.000		11.634	
Equipo de oficina	10% / 12	2.300	19	3.333	28
		9.300	77	14.967	101

	Origen	Antigüedad al 31/12/21	Moneda nominal	Moneda 31/12/21	Moneda 31/01/22
ANÁLISIS DE LOS COSTOS ORIGINALES					
Rodados	Año '17	5	3.500	7.140	7.283
	Año '19	3	1.000	1.560	1.591
	Año '21	1	1.500	1.725	1.760
			6.000		10.634
	Enero año '22		1.000		1.000
			7.000	10.425	11.634
Equipo de oficina			2.300	3.268	3.333
			9.300	13.693	14.967

Hemos visto el ajuste de los saldos al fin de un mes a partir de los saldos ajustados al inicio del mes más el movimiento del mes. En el caso empleado se trató del mes de enero del año '22 a partir de los saldos ajustados al 31/12/21, provenientes del Capítulo 6. Consideramos que ello ha sido suficiente para explicar el ajuste mensual, porque en los meses siguientes se repite el mismo mecanismo.

TERCERA PARTE

EFECTO DEL AJUSTE EN LOS RESULTADOS

CAPÍTULO 11

EFECTO DEL AJUSTE SOBRE EL RESULTADO NETO DEL EJERCICIO

El ajuste de cada una de las cuentas del estado de resultados, todas ajustables, amén del reconocimiento de los resultados monetarios, origina un ajuste del resultado neto del ejercicio. Al respecto veremos lo siguiente:

I. Muchos de los ajustes matemáticamente se compensan entre sí, de manera que no alteran el resultado neto del ejercicio.
II. Del resto de los ajustes:
   A. Algunos son de cálculo fácil.
   B. Otros suelen ser de cálculo más complicado, pero en ellos, según el caso, cabe hacer estimaciones que simplifican el cálculo, en mayor o menor grado.

Tanto los ajustes indicados en II.A como en II.B pueden ser significativos o no. Respecto de A, el simple cálculo facilita la ponderación de su significatividad. Respecto de B, el recurso de la estimación permite tener una idea aproximada de su significatividad, recurso que no necesariamente es aplicable.

Lo antedicho implica que para estimar el efecto del ajuste sobre el resultado neto del ejercicio es válido y útil emplear un método simplificado que consiste en lo siguiente:

➢ Limitar el cómputo a los ajustes indicados en II.
➢ De éstos, concentrarse solo en los que son significativos.

Tal método simplificado puede ser empleado:

➤ Como un anticipo del ajuste cuenta por cuenta para vislumbrar el efecto del ajuste sobre el resultado neto del ejercicio.
➤ Como una manera de verificar la razonabilidad del ajuste cuenta por cuenta.
➤ A falta del ajuste cuenta por cuenta, como un sustituto incompleto pero valioso.

Para el desarrollo del tema, tomaremos un ejemplo hipotético que incluye ciertos datos del caso considerado en el Capítulo 5 para ilustrar la elaboración del estado de cambios en la posición monetaria.

Ejemplo

ESTADO DE RESULTADOS

		(Ganancia) pérdida		
	$ Moneda nominal	Tasa de inflación o ref.	$ Ajuste	$ Moneda homogénea
Ventas	(100.000)	10%	(10.000)	(110.000)
Costo de ventas	58.000	(a)	5.800	63.800
Gastos de comercialización, administración y financieros	20.000	10%	2.000	22.000
Depreciación del activo fijo	10.000	(b)	7.000	17.000
Resultado por tenencia	(4.000)	(a)	2.000	(2.000)
Pérdida monetaria	-	(c)	3.100	3.100
Resultado neto	(16.000)		9.900	(6.100)

(a) Ver a continuación *Costo de ventas*.

(b) Ajuste en función de la antigüedad del activo fijo. Tasa promedio: 70%.

(c) Ver a continuación *Estado de cambios en la posición monetaria*.

COSTO DE VENTAS

	$ Moneda nominal	Tasa de inflación	$ Ajuste	$ Moneda homogénea
		(Ganancia) pérdida		
Inventario inicial (a)	9.000	20%	1.800	10.800
Compras y gastos cargados a los inventarios	60.000	10%	6.000	66.000
Contrapartida del resultado por tenencia	4.000	(b)	(2.000)	2.000
Inventario final (a)	(15.000)		-	(15.000)
Costo de ventas (a)	58.000	(b)	5.800	63.800

(a) Los inventarios y el costo de ventas se valúan al costo de reposición.

(b) Se supone que el costo de ventas representa el costo de reposición en el mes respectivo. Por lo tanto, se ajusta por la tasa media de 10%. El resultado por tenencia se determina por diferencia para que cuadre la ecuación de costo de ventas.

ESTADO DE CAMBIOS EN LA POSICIÓN MONETARIA

	Moneda nominal	Tasa de inflación %	Efecto monetario Pérdida (Ganancia)
Activo monetario neto al inicio del ejercicio	5.000	20	1.000
Más (menos) - Operaciones monetarias del ejercicio:			
Incluidas en los rubros de resultados			
Ventas	100.000	10	10.000
Gastos de comercialización, de administración y financieros	(20.000)	10	(2.000)
Incluidas en los rubros patrimoniales			
Compras y gastos cargados a los inventarios	(60.000)	10	(6.000)
Adiciones de activo fijo	(2.000)	5	(100)
Dividendos en efectivo	(1.000)	8	(80)
Aportes de capital	4.000	7	280
Activo monetario neto al final del ejercicio	26.000		
Pérdida monetaria neta			3.100

El caso considerado brinda sendos ejemplos de lo establecido al principio:

➤ Ajustes que matemáticamente se compensan entre sí (indicados en I).
➤ Ajustes de cálculo fácil (indicados en II.A).
➤ Ajustes que suelen ser de cálculo más complicado (indicados en II.B).

En las secciones siguientes analizaremos estos tres tipos de ajustes, respectivamente. En las secciones subsiguientes trataremos otros ajustes que pueden presentarse. En cada sección mencionaremos la probabilidad de que el ajuste tratado sea significativo o no.

Ajustes que se compensan

Matemáticamente se compensan:

	(Ganancia) pérdida
➤ El ajuste de las cuentas que constituyen operaciones monetarias de resultados. En el ejemplo:	
– Ventas	(10.000)
– Gastos de comercialización, administración y financieros	2.000
– Compras y gastos cargados a inventarios	6.000
AJUSTE POSITIVO	(2.000)
➤ El efecto de dichas operaciones en el resultado monetario del ejercicio. En el ejemplo:	
AJUSTE NEGATIVO	(2.000)

Ajustes de cálculo fácil

En primer término, se trata del efecto de la inflación del ejercicio sobre los inventarios y la posición monetaria neta al inicio del ejercicio. En el ejemplo:

	$ Moneda nominal	20%
Inventarios	9.000	1.800
Activo monetario neto	5.000	1.000
	14.000	2.800

En muchas empresas:

➤ Existe pasivo monetario neto. Por lo tanto, el efecto indicado surge de aplicar la tasa de inflación anual sobre el neto resultante del pasivo monetario neto menos los inventarios.

➤ Este pasivo suele ser mayor que los inventarios, con lo cual el efecto neto es positivo.

En general, este ajuste es significativo.

En esta categoría corresponde ubicar el efecto sobre el resultado monetario de las operaciones monetarias patrimoniales. En el ejemplo:

	Efecto – Pérdida (ganancia)
Adiciones de activo fijo	(100)
Dividendos pagados en efectivo	(80)
Aporte de capital	280
Efecto neto	100

Por lo común este ajuste no es mayormente significativo.

En esta categoría cabe incluir también el efecto de anticuar inventarios iniciales y finales en el caso de que los inventarios se valúen al costo histórico, en lugar de al costo de reposición, efecto que habitualmente no es significativo. En una próxima sección analizaremos esta alternativa.

Ajustes que suelen ser de cálculo más complicado

En tanto el activo fijo sea significativo, el ajuste de su depreciación suele ser importante debido a la aplicación de las tasas de inflación acumulada en función de la antigüedad de los bienes. En el ejemplo se da un ajuste de $ 7.000 o 70%, que a una tasa de inflación de 10% anual y a grandes rasgos permite suponer una antigüedad promedio de 5 o 6 años, aproximadamente, habida cuenta del cómputo compuesto.

En términos estrictos, el ajuste de la depreciación del activo fijo requiere:

➤ La conversión a moneda de cierre del costo original de cada uno de los rubros componentes, en función de su antigüedad.
➤ El recálculo de la depreciación sobre la base de los costos originales así convertidos, porque la antigüedad de la depreciación no es la del momento de su registro, sino la de la adquisición de los bienes que se deprecian.

Sin embargo, con el propósito de tener una idea aproximada del ajuste de la depreciación es razonable recurrir a estimaciones globales. Por ejemplo, suponer una antigüedad promedio de cada uno de los rubros y aplicar a las respectivas porciones de la depreciación del ejercicio la tasa de inflación correspondiente. Tal antigüedad promedio puede asumirse con base en la relación entre costo histórico y depreciación acumulada, habida cuenta de la tasa de depreciación del rubro; por ejemplo, si la depreciación acumulada del rubro alcanza al 60% de su costo histórico y la tasa de depreciación es de 10% anual, es dable suponer que la antigüedad promedio del rubro es de 6 años. Incluso para una primera y rápida estimación cabe conjeturar una antigüedad promedio de todo el activo fijo y aplicar al total de la depreciación del ejercicio la tasa de inflación correspondiente.

Por otra parte, si la empresa cuenta con información extracontable que refleja el valor actual del activo fijo, ya sea ajustado por inflación o a costo de reposición, cabría considerar el empleo de esta información como base para un cálculo aproximado de lo que podría ser el ajuste de la depreciación cargada a resultados.

El ajuste de la depreciación del activo fijo suele ser significativo.

Análisis de los ajustes del ejemplo

El cuadro siguiente analiza los ajustes indicados en las tres secciones precedentes:

		$ - Pérdida (ganancia)			
	Ajuste	Análisis del ajuste			
		(1)	(2)	(3)	(4)
Ventas	(10.000)	(10.000)			
Costo de ventas					
Inventario inicial	1.800			1.800	
Compras, etc.	6.000	6.000			
Contrapartida del resultado por tenencia (a)	(2.000)				
Inventario final	-				
Gastos	2.000	2.000			
Depreciación	7.000				7.000
Resultado por tenencia (a)	2.000				
Pérdida monetaria	3.100	2.000	100	1.000	
Ajuste neto	9.900	0	100	2.800	7.000

(1) Compensación del efecto de las operaciones monetarias de resultados.

(2) Efecto de las operaciones monetarias patrimoniales.

(3) Efecto de la tasa de inflación del año sobre los inventarios y el activo monetario neto al inicio.

(4) Ajuste de la depreciación del activo fijo.

(a) Al igual que en las cifras en moneda nominal, se compensa la ganancia por tenencia con su contrapartida en la ecuación de costo de ventas.

Alternativa de inventarios medidos al costo histórico

Si los inventarios se valuasen al costo histórico, en lugar de al costo de reposición, la ecuación del costo de ventas sería la siguiente:

	$ Moneda nominal	Tasa de inflación	$ Ajuste	$ Moneda homogénea
Inventario inicial (a)	9.000			
➢ Ajuste a moneda de inicio en función de la anticuación		2%	180	
➢ Más – Efecto de la conversión a moneda de cierre del inventario inicial a moneda de inicio ($ 9.180)		20%	1.836	
			2.016	11.016
Compras y gastos cargados a inventarios	60.000	10%	6.000	66.000
Inventario final	(12.000)	3%	(360)	(12.360)
Costo de ventas	57.000		7.656	64.656

Las tasas de inflación aplicadas a los inventarios iniciales y finales son datos nuevos que hemos agregado convencionalmente en este momento.

El efecto del ajuste de los inventarios iniciales y finales puede desglosarse de la siguiente manera:

	$	$
➢ Aplicación de la tasa de inflación del año sobre el inventario inicial en moneda nominal (como si no mediase anticuación): 20% de $ 9.000		1.800
➢ Efecto de anticuar los inventarios:		
– Efecto inicial: $ 180 ($ 9.180 – $ 9.000) x 1,20 (conversión a moneda de cierre)	216	
– Inventario final ($ 12.360 – $ 12.000)	(360)	(144)
		1.656

Con esta alternativa cambiarían las siguientes partidas del estado de resultados en moneda nominal:

	$ Costo de reposición	$ Costo histórico	$ Diferencia
Costo de ventas	58.000	57.000	1.000
Ganancia por tenencia	(4.000)	-	(4.000)
Ganancia neta	(16.000)	(13.000)	(3.000)

Los ajustes serían distintos así:

	$ Costo de reposición	$ Costo histórico	$ Diferencia
Ajuste de costo de ventas	5.800	7.656	1.856
Ajuste de ganancia por tenencia	2.000	-	(2.000)
Total de ambos ajustes	7.800	7.656	(144)
Ajuste del resultado neto	9.900	9.756	(144)

Este ajuste positivo de $ 144 corresponde justamente al efecto de anticuar los inventarios iniciales y finales en el caso de la valuación al costo histórico. En cuanto a este efecto, podemos hacer cierta generalización. Para ello partimos de la fórmula siguiente:

$$E = [I \times i \times c] - [F \times f]$$

En donde:

E: efecto de anticuar los inventarios iniciales y finales.

I: inventario inicial en moneda nominal.

i: ajuste del inventario inicial en moneda de inicio en función de su antigüedad.

c: tasa de inflación aplicable para convertir el inventario inicial a moneda de cierre.

F: inventario final en moneda nominal.

f: ajuste del inventario final en función de su antigüedad.

Ahora bien, si:

1. I y F implican niveles de stock parecidos;
2. F comprende mayores precios unitarios en línea con la inflación, o sea que I x c $\cong$ F;
3. los respectivos factores de i y f, para cada uno su antigüedad y la inflación correspondiente, no difieren mayormente, vale decir que i y f no son muy distintos...

... entonces [I x i x c] se acerca a [F x f]. Ergo, E tiende a ser una cifra inmaterial. Pero, repetimos, siempre y cuando se den las tres condiciones indicadas.

Por lo tanto, en muchos casos, con el propósito de un ajuste global estimativo sin pretensión de mayor exactitud, podrá prescindirse del efecto de anticuar los inventarios iniciales y finales. En consecuencia, el cálculo del efecto de los inventarios sobre el ajuste neto del resultado final del ejercicio se circunscribe a aplicar la tasa de inflación del ejercicio sobre el inventario inicial.

Otros posibles ajustes

Caben otros ajustes, que pueden ser significativos o no, dependiendo del caso. Por ejemplo, el ajuste del valor residual del activo fijo vendido o dado de baja, o de cualquier otro cargo a resultados que represente el flujo de activos no monetarios no corrientes incorporados en ejercicios anteriores, como ser la amortización de un bien intangible.

Si hubiese inversiones valuadas conforme al método de valuación patrimonial proporcional (VPP), para ajustar los resultados consecuentes que surgen de los estados contables de la sociedad emisora expresados en moneda nominal, es necesario primero convertir tales estados a moneda homogénea y luego, sobre esa base, recalcular el resultado correspondiente. Por ejemplo, si la sociedad tenedora contabilizó una ganancia de $ 300 debido a una participación de 30% en la ganancia de $ 1.000 de la sociedad emisora, pero el ajuste por inflación de los resultados de ésta arroja una pérdida de $ 700, la sociedad tenedora debe reemplazar, en sus estados ajustados, la ganancia de $ 300 por una pérdida de $ 210 (30% de $ 700).

Ajuste del resultado neto del ejercicio – Resumen

En las secciones precedentes, en cuanto al efecto sobre el resultado neto del ejercicio, hemos visto que muchos ajustes de cada una de las cuentas de resultados matemáticamente se compensan entre sí; o sea que el efecto neto es igual a cero. De los demás ajustes, cabe distinguir:

1. Ajustes de cálculo fácil que suelen ser significativos: efecto de la tasa de inflación del ejercicio sobre los inventarios y la posición monetaria neta al inicio del ejercicio.
2. Ajuste de depreciación del activo fijo, que suele ser significativo.
3. Ajustes que suelen no ser significativos:
   ➤ Efecto de anticuar inventarios iniciales y finales, en el caso de su valuación al costo histórico.
   ➤ Efecto sobre el resultado monetario de las operaciones monetarias patrimoniales.
4. Ajustes que pueden o no ser significativos:
   ➤ Ajuste del flujo a resultados de activos no monetarios no corrientes, adicional a la depreciación del activo fijo.
   ➤ Ajuste del resultado proveniente de inversiones valuadas al VPP.

De los efectos normalmente importantes indicados más arriba, su grado de importancia depende de diversos factores, a saber:

➤ El efecto de los inventarios al inicio indicado en 1 depende del peso relativo del costo de ventas en el estado de resultados –o sea, de la estructura económica– y de la rotación de los inventarios, que determina su antigüedad.
➤ El efecto de la posición monetaria neta al inicio también indicado en 1 depende de si se trata de activo o de pasivo monetario neto, y de la dimensión del neto; o sea, de la estructura financiera.
➤ El efecto del ajuste de la depreciación del activo fijo señalado en 2 depende del peso relativo de la depreciación en el estado de resultados –o sea, de la estructura económica– y de la antigüedad de los bienes que se deprecian.

Desglose del ajuste del resultado neto

Yendo de lo general a lo particular, una primera apertura del resultado neto nos lleva a la distinción entre el rendimiento de los activos y el costo de los pasivos. En este esquema ubicamos los ingresos financieros como un agregado a los resultados operativos, porque los activos financieros que les dieron origen tienen, en general, dos características:

➤ Constituyen una alternativa operativa en comparación con invertir en otro tipo de activos. Por ejemplo, si se trata de créditos por ventas es porque, en principio, se consideró que esta inversión era más conveniente que incrementar los inventarios o adquirir activo fijo.
➤ En el caso de créditos por ventas, el financiamiento a los clientes no solo genera ingresos financieros, sino que también afecta el volumen de ventas y consecuentemente el margen de utilidad bruta.

Además, en muchos casos no se separan debidamente los intereses implícitos incluidos en las ventas u otros ingresos operativos, de manera que los intereses ganados registrados son solo una parte de los ingresos financieros.

En cambio, el costo de los pasivos representa la consecuencia de financiarse con capital ajeno en lugar de hacerlo con capital propio, lo cual no atañe al rendimiento en sí de los activos.

Supongamos la siguiente estructura del estado de resultados:

	$ Moneda nominal
Rendimiento de los activos, neto de su costo impositivo	100
Costo de los pasivos, neto de su costo impositivo	70
Ganancia neta	30

Cifras como las indicadas pueden hacer creer que se ha logrado un rendimiento de los activos bueno o aceptable, pero que el elevado costo financiero es el causante del deterioro de la rentabilidad.

Supongamos adicionalmente que el ajuste por inflación reduce la ganancia neta a 60%; o sea, a $ 18. Si bien esta ganancia ajustada es todavía menos satisfactoria, cabe pensar que en las circunstancias la situación es, en general, positiva. Sin embargo, si del ajuste de $ 12 distinguimos los elemen-

tos negativos de los positivos, en los términos indicados en la sección precedente, puede que descubramos lo siguiente:

> ➤ Todos los ajustes negativos (el efecto de la inflación sobre los activos
>   monetarios y los inventarios y el incremento de la depreciación del
>   activo fijo) juegan contra el rendimiento de los activos.
> ➤ El ajuste positivo (la ganancia por los pasivos) constituye una reduc-
>   ción del costo financiero nominal. En ciertos casos esto puede llegar
>   a invertir el signo del rubro, arrojando una ganancia neta por los pa-
>   sivos, porque la inflación supera el interés nominal (tasa de interés
>   negativa) y otros costos financieros nominales.

Dicha imputación de los ajustes puede poner de relieve que el rendimiento de los activos deja mucho que desear, que aquí radica la baja rentabilidad y no en el costo de los pasivos. Esta distinción puede tener una
connotación adicional: si existe el riesgo de que en el futuro se encarezca
el financiamiento en términos reales (tasa de interés nominal superior a la
inflación, etc.), es probable que este encarecimiento tenga un inmediato impacto negativo en los resultados, en tanto que sea difícil superar el problema
del rendimiento inadecuado de los activos.

Otro análisis interesante del ajuste del resultado neto tiene que ver con el
EBITDA (*earning before interest, taxes, depreciation and amortization*). Muchas empresas le prestan especial atención a este indicador, pudiendo ser una base de la
remuneración variable de los ejecutivos. A continuación mostramos la relación
entre el EBITDA y el resultado neto, y la imputación respectiva de los grandes
componentes del ajuste por inflación que vimos en la sección anterior:

Moneda nominal	Ajustes
EBITDA	Efecto de la inflación sobre los inventarios y los activos monetarios
+ Intereses, etc. (costo financiero)	+ Ganancia monetaria por los pasivos
+ Impuestos	
+ Depreciación y amortización	+ Ajuste de la depreciación del activo fijo, etc.
= Resultado neto	= Ajuste del resultado neto

Como puede observarse, el EBITDA ajustado, neto del efecto de la inflación sobre los inventarios y el activo monetario, probablemente sea bastante
menor que el EBITDA en moneda nominal.

CAPÍTULO 12

EFECTO FINAL DEL AJUSTE SOBRE EL CAPITAL INVERTIDO Y LOS RESULTADOS

El ajuste neto de los resultados puede enfocarse con respecto al resultado de un ejercicio determinado o como tendencia más allá del corte entre ejercicios. En el capítulo precedente desarrollamos el primer enfoque. En este capítulo encaramos el segundo enfoque.

Ecuación básica

Desde el punto de vista del ajuste por inflación, la ecuación patrimonial se puede sintetizar así:

> ➤ Activos ajustables
> ➤ + Activo o pasivo neto no ajustable
> ➤ = Capital invertido

Al respecto, damos por sentado lo siguiente:

> ➤ Los activos ajustables son no monetarios al costo histórico, o a un valor anterior a la fecha de cierre (activo fijo, inventarios, etc.).
> ➤ Los activos no ajustables son monetarios o no monetarios a valor corriente.
> ➤ Los pasivos en su mayoría son monetarios y, si no lo son, contablemente están actualizados; de manera que todos son no ajustables.

➤ En un momento dado, desde el punto de vista económico, el resultado acumulado del período pasa a formar parte del capital invertido.

Dada dicha ecuación, el ajuste por inflación puede verse como una sucesión de aplicaciones de la tasa de inflación (i) sobre los elementos componentes de la ecuación. En cualquiera de las aplicaciones y en su efecto acumulativo se da la fórmula siguiente:

➤ i x Activos ajustables
➤ ± i x Activo o pasivo neto no ajustable
➤ = i x Capital invertido

Como señalamos más arriba, el activo o pasivo neto no ajustable se compone de activos y pasivos monetarios (o asimilables) y de activos no monetarios a valor corriente. La aplicación de i sobre ellos no puede agregarse al valor de las respectivas cuentas patrimoniales, porque de hecho ya están expresadas en moneda actual; el efecto debe fluir automáticamente a resultados:

➤ En el caso de los activos y pasivos monetarios, como resultado monetario.
➤ En el caso de los activos no monetarios a valor corriente, como recálculo del resultado por tenencia.

Lo antedicho puede representarse gráficamente así:

➤ i x Activo o pasivo neto no ajustable
➤ →Resultados "hoy" (pérdida o ganancia neta)

Este resultado se inclina a una pérdida si hay activo neto, y a una ganancia si hay pasivo neto. Por lo común, resulta una ganancia porque hay pasivo monetario neto, y éste suele ser superior a los activos no monetarios a valor corriente, si los hubiese.

En cambio, en el caso de los activos ajustables la aplicación de i sobre ellos se agrega a su medición; en el momento no representa pérdida o ganancia. Sin embargo, tales activos tienden, tarde o temprano, a fluir al estado de resultados, como costo de ventas, depreciación del activo fijo, etc. Y al hacerlo habrán de arrastrar consigo el efecto acumulado de i. Lo antedicho puede esquematizarse así:

    i x Activos ajustables
      →Ajuste de los activos "hoy"
        →Pérdida "mañana"

En virtud de la fórmula indicada al principio, i x capital invertido tiende a igualar los ajustes de resultados, ya sea de hoy o de mañana. En otras palabras, la suma algebraica de los ajustes en los resultados "a la larga" se acerca a la aplicación de la tasa de inflación sobre el capital invertido.

Salvo que haya patrimonio neto negativo, dicho ajuste neto es pérdida, porque la pérdida por los activos ajustables pesa más que la ganancia neta en el caso de pasivo neto no ajustable, o bien porque además hay pérdida neta en el caso de activo neto no ajustable (o sea, doble pérdida).

Ejemplo ilustrativo

Tomemos un ejemplo para ilustrar lo antedicho, que resumimos en el cuadro siguiente, en donde:

1. En la primera columna figuran los saldos en moneda nominal al inicio del período.
2. En la segunda columna figuran los saldos en moneda nominal al cierre del período.
3. En la tercera columna se hace referencia a ciertas notas sobre el movimiento del período.
4. En la cuarta columna se muestra el efecto de la tasa de inflación de 10%. Para simplificar, se supone que las operaciones monetarias ocurrieron hacia el final del período; de manera que no se aplica tasa de inflación sobre ellas.
5. En la quinta columna se trasfiere a resultados dicho efecto sobre los activos no ajustables, o sea los inventarios a valor corriente y los componentes del pasivo monetario neto, dando lugar a la reducción de la ganancia por tenencia y al reconocimiento de la ganancia monetaria neta, respectivamente.
6. En la sexta columna se muestran los saldos en moneda de cierre.

			$			
	1	2	3	4	5	6
Activos ajustables						
Activo fijo						
Costo original	800	800	A	80		880
Dep. acumulada	-	(40)	B	(4)		(44)
	800	760		76		836
Pasivo neto, no ajustable						
Inventarios, a costo de						
reposición	100	130	C	10	(10)	130
Pasivo monetario neto	(300)	(240)	D	(30)	30	(240)
	(200)	(110)		20	20	110
	600	650		56	20	726
Patrimonio neto						
Capital aportado	600	600		60		660
Resultado del período:						
- Op. monetarias		60	D			60
- Ganancia por tenencia		30	C		(10)	20
- Dep. activo fijo		(40)	B	(4)		(44)
- Ganancia monetaria		-			30	30
	-	50		(4)	20	66
	600	650		56	20	726

(A) No hubo adiciones ni bajas durante el período.

(B) Depreciación: 5% de $ 800.

(C) No hubo movimiento durante el período, salvo la ganancia por tenencia: $ 130 − $ 100 = $ 30.

(D) Ingresos menos gastos: $ 60, que reducen el pasivo monetario neto.

Si se computase tasa de inflación sobre las operaciones monetarias del período ($ 60), digamos un 5% (ajuste de $ 3), de todos modos no afectaría el resultado neto del ejercicio, porque implicaría reducir la ganancia monetaria en igual monto. Al respecto nos remitimos al estado de cambios en la posición monetaria que tratamos en el Capítulo 5.

Nótese que los $ 76 de ajuste del activo fijo (columna 4) se adicionan a los $ 760 de moneda nominal (columna 2), dando lugar a la cifra ajustada de $ 836 (columna 6). Lo mismo ocurre con el capital aportado ($ 660 = $ 600 + $ 60) y la depreciación del activo fijo cargada a resultados ($ 44 = $ 40 + $ 4). En cambio, el efecto de la inflación sobre los componentes del pasivo neto no ajustable ($ 20), al estar ya actualizados en la columna 2, fluye a resultados como ganancia monetaria ($ 30) y reducción de la ganancia por tenencia ($ 10); de manera que el saldo de dichos componentes (inventarios, $ 130 y pasivo monetario neto, $ 240) es igual en la columna 6 que en la columna 2.

En el ejemplo podemos observar que el incremento de los activos netos ($ 76) iguala el ajuste de capital ($ 60) más el aumento de la ganancia neta del ejercicio ($ 16). Vale decir que en el período el ajuste por inflación no reduce la ganancia nominal, sino que, por el contrario, la aumenta. Esto es así porque en el período pesa más el ajuste positivo correspondiente a la ganancia monetaria ($ 30) que los ajustes negativos compuestos por la reducción de la ganancia por tenencia ($ 10) y la depreciación del activo fijo ($ 4). Sin embargo, en el futuro los $ 76 de incremento de los activos netos también se cargarán a resultados, vía depreciación del activo fijo o mayor valor residual de bienes vendidos o dados de baja. De manera que el efecto final en los resultados debido al ajuste por inflación alcanzaría una pérdida de $ 60 ($ 76 – $ 16), contrapartida del ajuste actual del capital.

En el ejemplo propuesto, si los inventarios se valuasen al costo histórico, en lugar de al costo de reposición, en la columna 2 se mantendrían a $ 100, y no habría ganancia por tenencia de $ 30. Entonces, el ajuste por inflación elevaría en $ 10 la medición de los inventarios. En consecuencia, el incremento de los activos netos sería de $ 86 ($ 76 del activo fijo más $ 10 de los inventarios), cifra que igualaría el ajuste del capital ($ 60) más el aumento de la ganancia neta de $ 26 ($ 10 más que en el caso de los inventarios a valor corriente, porque no jugaría la reducción de la ganancia por tenencia). Pero en el futuro los $ 86 se cargarían a resultados: $ 76 conforme indicamos en el párrafo anterior más $ 10 como mayor costo de ventas u otro tipo de cargo por el flujo de los inventarios a resultados. El efecto final en los resultados debido al ajuste por inflación no cambiaría: sería una pérdida de $ 60 ($ 86 – $ 26), contrapartida del ajuste actual del capital.

Comentarios adicionales

Otra manera de ver el mismo fenómeno es la siguiente. La situación patrimonial puede enfocarse como la antesala de un estado de origen y aplicación de fondos, en donde a la larga los activos se convertirán en fondos y los pasivos se cancelarán consumiendo fondos. Sobre esta base, prescindiendo de las reinversiones de fondos, y suponiendo que hay ganancias acumuladas, como una abstracción cabe emplear la fórmula siguiente:

Fondos remanentes = Capital aportado + Ganancias acumuladas

Una vez que los activos se convierten en fondos constituyen un dato cierto, ya no hay problema de medición; por ejemplo, no cabe la disyuntiva entre costo histórico y valor corriente, o si corresponde o no un ajuste por inflación de los activos. Toda la cuestión se limita a distinguir entre capital aportado y ganancia acumulada. Si se emplea como unidad de medida el valor nominal de la moneda, se considera ganancia todo el excedente de los fondos remanentes sobre el capital aportado medido en su moneda original. Pero si hay inflación y se computa el ajuste por inflación, la ganancia se limita al excedente de los fondos remanentes sobre el capital aportado ajustado por inflación.

Supongamos que los fondos remanentes son $ 130, que el capital aportado en moneda original fue de $ 100 y que la inflación desde la fecha de aporte a hoy es de 20%. En moneda nominal la ganancia es de $ 30 ($ 130 menos $ 100), pero en moneda homogénea es de $ 10 ($ 130 menos $ 120); estos $ 120 de capital surgen del ajuste por inflación ($100 más el 20%). Nótese que los $ 130 constituyen una cifra inamovible. Entonces lo que se agrega al capital ($ 20) es forzosamente lo que se resta de la ganancia. La ganancia es el excedente de la riqueza actual sobre el capital aportado. Dado el monto de riqueza actual, la medición de la ganancia depende exclusivamente de la medición del capital.

El ejemplo considerado ilustra la síntesis final del ajuste por inflación: del incremento nominal de riqueza (en el ejemplo, $ 30), separa lo necesario para cubrir la pérdida de poder adquisitivo del capital aportado (en el ejemplo $ 20), y solo lo que queda –si queda– puede considerarse ganancia (en el ejemplo, $ 10). Vemos entonces que el ajuste neto del resultado es la contrapartida del ajuste del capital aportado.

La visión de dicho efecto suele diluirse por lo siguiente. Cuando en un período se concretan los mayores cargos a resultados correspondientes a los ajustes de activos no monetarios realizados en períodos anteriores, al mismo tiempo aparecen nuevos activos no monetarios con sus propios ajustes, con lo cual todo se mezcla. Sin embargo, la fórmula indicada no debe perderse de vista, especialmente si se quiere tener una idea de la importancia o la necesidad del ajuste, dada una tasa de inflación. Por ejemplo, la norma internacional establece que el ajuste solo corresponde si la tasa de inflación acumulada en tres años alcanza el 100%, lo cual implica a cómputo compuesto una tasa anual de 27%. Supongamos una ganancia nominal de 20% sobre el capital invertido, que hoy en día probablemente supera la ganancia de la mayoría de las empresas. Empleando la fórmula con una tasa de 25% de inflación, surge que tal ganancia se convierte en pérdida. Entonces, ¿qué sentido tiene dicha norma?

Consideraciones similares pueden hacerse con respecto al cálculo del impuesto a las ganancias, que sin el ajuste por inflación tiende a ser confiscatorio. Y también en cuanto a la contabilidad para la gestión cuando utiliza el valor nominal de la moneda como unidad de medida, y sobre esa base errónea analiza los resultados, ejerce el control presupuestario, elabora indicadores de desempeño, fija objetivos, evalúa el desempeño, afecta el régimen de recompensas, etcétera.

CUARTA PARTE

RESEÑA DE LOS SISTEMAS CONTABLES BÁSICOS

CAPÍTULO 13

RESEÑA DE LOS SISTEMAS CONTABLES BÁSICOS

En el Capítulo 1 distinguimos dos cuestiones de medición: la unidad de medida y el criterio de medición. Y agregamos que esta segunda cuestión, a su vez, comprende dos subcuestiones: la medición de los activos y pasivos, y la medición del capital invertido. Lo hicimos así porque en primera instancia queríamos diferenciar claramente el tema del ajuste por inflación, cuestión de unidad de medida, del resto de la problemática de medición. Sin embargo, en este capítulo, que pretende una reseña de los sistemas contables básicos, es preferible expresar dicha clasificación en términos de tres cuestiones claves:

    I. La unidad de medida.
   II. El criterio de medición de activos y pasivos.
 III. El criterio de medición del capital invertido, que depende del denominado "concepto de mantenimiento de capital".

Nótese que el planteo de las tres cuestiones claves no hace referencia explícita a los resultados. Sin embargo, cualquiera de las tres los afecta directamente. En otras palabras, las opciones concernientes a la determinación del resultado están implícitas en las mencionadas cuestiones claves. Esto lo comprobaremos más adelante cuando analicemos el efecto de las respuestas que se den a cada una de ellas.

Cada una de dichas cuestiones plantea sendas alternativas fundamentales:

I. En cuanto a la unidad de medida, conforme vimos en los capítulos anteriores, la alternativa es emplear la moneda nominal o la moneda homogénea.

II. Con respecto al criterio de valuación de los activos y pasivos existen múltiples opciones en función de los distintos rubros componentes; se puede emplear cierto criterio para un rubro y un criterio distinto para otro rubro. Sin embargo, cabe destacar una alternativa fundamental: cómo medir los activos no monetarios, si a su costo histórico o a su valor corriente.

III. Con relación al concepto de mantenimiento de capital existen dos enfoques: mantener el capital financiero o mantener el capital físico.

La cuestión señalada en I ya la analizamos en los capítulos anteriores. En las secciones siguientes trataremos las cuestiones indicadas en II y III, en donde nos limitaremos a describir los criterios alternativos, sin emitir juicio de valor acerca de ellos. Luego haremos un análisis comparativo de las respuestas a las tres cuestiones. Finalmente sintetizaremos nuestra opinión, lo cual nos introducirá a los dos capítulos siguientes.

Medición de activos no monetarios

En este orden, la alternativa fundamental es entre el costo histórico y el valor corriente.

El costo histórico es un valor del pasado; está dado por el costo de adquisición o elaboración del bien. Se aplica en tanto sea igual o inferior al valor recuperable; si el costo histórico es superior, se reduce al nivel del valor recuperable, a fin de eliminar del activo una riqueza inexistente.

El valor corriente es un valor del presente. La expresión ideal del valor corriente de un activo no monetario es su cotización actual en el mercado; pero siempre y cuando éste reúna ciertas condiciones de universalidad, frecuencia en sus operaciones, facilidad de acceso, etc., y por lo tanto sea razonable presumir que la cotización es verdaderamente representativa de la cantidad de riqueza poseída en la actualidad. Sin embargo, en la mayoría de los casos no existe tal mercado; o bien, de existir, no satisface los requisitos indicados.

Entonces es necesario estimar el valor corriente. La estimación puede hacerse recurriendo a dos caminos principales:

➤ Determinar el costo que significaría actualmente adquirir o reproducir un activo igual al poseído. A esto se lo suele llamar "costo corriente" o "costo de reposición", aunque algunos textos establecen cierta diferencia entre estos dos términos. De todos modos, esto es una cuestión terminológica que se resuelve convencionalmente. Nosotros usaremos con carácter general la denominación de "costo de reposición". Más adelante profundizaremos respecto de su significado.

➤ Pronosticar el probable valor recuperable del activo, ya sea el valor neto de realización en la hipótesis de venta directa, o el denominado valor de utilización económica en el supuesto de que el bien será empleado en el proceso productivo.

El primer camino retrotrae al mercado donde la empresa adquiere o puede adquirir sus bienes y servicios; por ello se habla de "precios de entrada". El segundo camino se orienta al mercado donde la empresa suele o puede vender sus inventarios y demás activos no monetarios; aquí entonces se trata de "precios de salida". La comparación entre ambos tipos de precios nos lleva a la siguiente distinción:

➤ Si el precio de salida (o valor recuperable) es superior al precio de entrada (o costo corriente), estamos en presencia de un activo "rentable".

➤ Si, por el contrario, el precio de salida es inferior al precio de entrada, nos enfrentamos con un activo "no rentable".

La mayoría de los autores o textos que han favorecido la contabilidad del valor corriente han postulado, con distintas palabras, más o menos, lo siguiente:

1. Para el activo no monetario que goza de un mercado transparente al que la empresa puede concurrir a efectos de venderlo sin necesidad de hacer un esfuerzo significativo, el valor corriente está dado por la cotización del mercado menos los gastos directos de venta. Esto siempre y cuando la cotización sea representativa del precio que obtendría la empresa de concretar la venta. Porque cabe la situación en que la concurrencia de la empresa en el mercado baje la cotización debido a su relevancia dentro de la oferta total. Y, por otra parte, puede darse la circunstancia de que la oferta de la empresa movilice compradores que estén dispuestos a pagar un precio superior a la cotización actual del mercado.

2. Para los activos no monetarios que carecen de la característica señalada en 1, se considera que el valor corriente corresponde al costo de

reposición, en tanto éste no supere el valor recuperable; vale decir, que se trate de un activo rentable.

3. Si el costo de reposición es superior al valor recuperable, éste lógicamente constituye el "techo" del valor corriente. El valor recuperable es siempre el límite máximo, cualquiera sea el criterio primario de valuación que responde a un precio de entrada (costo histórico o costo de reposición).

Para la teoría más usual de la contabilidad del valor corriente, las situaciones indicadas en 1 (mercado transparente, etc.) y 3 (activos no rentables) se tratan más bien como si fuesen de excepción. Solo la situación señalada en 2 se ha manejado como una especie de modelo general. Y, en consecuencia, costo de reposición, con un punto de vista simplificador, ha pasado a ser prácticamente sinónimo de valor corriente.

Cuando los activos no monetarios se mantienen a su costo histórico no se registra el incremento en su valor; o sea que no se reconocen ganancias por tenencia. Toda la ganancia, si la hubiese, se computa recién al momento de su venta u otra forma de realización. En este sentido se trata de un criterio conservador.

En cambio, el revalúo de activos no monetarios a su valor corriente entraña el reconocimiento de ganancias o pérdidas por tenencia. Vale decir que no se espera la realización para computar ganancias. Cuando se produce la realización, caso de la venta del bien, se registra la ganancia por el excedente del ingreso sobre el valor corriente previamente asignado.

Concepto de mantenimiento de capital

La empresa comercial (usando la expresión en su sentido más amplio) se caracteriza fundamentalmente por el aporte de capital con un propósito de lucro. Para ello se realizan una serie de operaciones, cuyo resultado neto (ganancia o pérdida) se mide deduciendo del ingreso obtenido el consumo pertinente de los bienes que forman parte del capital. El total de patrimonio neto a una fecha dada se compone del importe del capital aportado (que se pretende cubrir con la deducción referida) y de los resultados acumulados como consecuencia de las operaciones.

La distinción de estos dos rubros del patrimonio neto interesa no solo desde un punto de vista histórico, sino también por su destino ulterior. La distribución de las ganancias –concreción del lucro perseguido por parte de los propietarios individuales del negocio– debe realizarse sin afectar el capital, porque su mantenimiento representa normalmente un mínimo necesario para la subsistencia de la fuente productora de ganancias. En el orden jurídico existe una norma similar para las sociedades cuya responsabilidad está limitada al capital declarado formalmente, por cuanto su conservación constituye la garantía necesaria para los acreedores. Pero, desde un punto de vista dinámico, más que de capital aportado debe hablarse de capital invertido. En este sentido, las ganancias de ejercicios anteriores retenidas en la empresa, de hecho, integran el capital invertido.

El capital invertido y la ganancia o pérdida neta son entonces los dos elementos fundamentales de los estados contables, ya que atañen a la esencia de la empresa misma y puede decirse que comprenden todas las demás cuentas. Por las razones señaladas, es sustancial el criterio con que se mide el capital invertido con posterioridad al momento de su inversión, o sea el capital "a mantener". Cuanto más grande sea el valor que se le atribuya, mayor resultará la estimación de los consumos y, consecuentemente, menor la determinación de la ganancia (o mayor la pérdida), y viceversa. He aquí la tercera cuestión clave.

A grandes rasgos, existen dos conceptos contables bien distintos de mantenimiento de capital (y, por lo tanto, de definición de la ganancia):

A. El denominado concepto de mantenimiento de capital "financiero". Según este concepto, se considera ganancia todo el excedente de la riqueza actual sobre el capital medido en términos del dinero originalmente invertido, con independencia de los bienes específicos que han compuesto la inversión.

B. El concepto de mantenimiento de capital "físico" (u operativo o económico). De acuerdo con este concepto, se considera ganancia el excedente de la riqueza actual sobre un monto de capital *equis* que permite mantener cierta capacidad física (u operativa o económica). Este concepto enfoca los bienes que componen el capital invertido, prestando atención a su rol esencial dentro del negocio. Se preocupa por la reposición específica de esos bienes; y no tanto por el dinero con que fueron adquiridos. Por consiguiente, se trata de revaluar los activos a su costo de reposición, no solo como criterio de valuación de los activos en sí (inventarios, activo fijo, etc.), sino fundamentalmente como base para los futuros cargos a resultados (costo de ventas, depreciaciones, etc.).

Armado de los sistemas contables básicos

En las secciones precedentes hemos identificado tres cuestiones claves y sus respectivas alternativas, que resumimos en el cuadro siguiente:

	CUESTIONES		
ALTERNATIVAS	I Unidad de medida Moneda	II Criterio de medición de activos no monetarios	III Concepto de mantenimiento de capital
A	Nominal	Costo histórico	Financiero
B	Homogénea	Valor corriente	Físico

Dichas cuestiones y alternativas dan lugar al cuadro de sistemas contables básicos que figura a continuación.

Sistemas contables básicos	I Unidad de medida Moneda	II Criterio de medición de activos no monetarios	III Concepto de mantenimiento de capital
1	Nominal	Costo histórico	Financiero
2	Homogénea		
3	Nominal	Valor corriente	
4	Homogénea		
5	Nominal		Físico
6	Homogénea		

En principio, el concepto de mantenimiento de capital físico requiere la aplicación del costo de reposición (valor corriente); vale decir que no se conjuga con el costo histórico. Sin embargo, cabe contemplar un sistema en donde el costo de reposición se incorpora recién al momento de los cargos a resultados, manteniéndose los activos no monetarios al costo histórico. De todos modos, hemos preferido excluir esta alternativa intermedia del cuadro indicado, a fin de no complicarlo demasiado.

El cuadro presentado sobre los sistemas contables básicos constituye un primer esquema que sirve de marco general para ubicar sistemas específicos o vigentes, lo cual bien puede dar lugar a modificaciones, agregados o exclusiones. Por ejemplo, en contextos donde prácticamente no hay inflación o ésta no es significativa, el sistema 1 es igual a 2; 3 es igual a 4, y 5 es igual a 6, dado que la moneda nominal cumple con la función de moneda homogénea; entonces el cuadro se limita a tres sistemas básicos: 1, 3 y 5. En el caso de aplicarse el ajuste por inflación (conversión de moneda nominal a homogénea), cabe hacerlo en forma integral cuenta por cuenta, o bien realizar solo ciertos ajustes globales, orientados a reflejar el efecto de la inflación sobre las partidas más importantes de los estados contables.

Análisis comparativo de los sistemas

A continuación desarrollaremos un caso simple para facilitar el análisis comparativo de los seis sistemas identificados en la sección precedente.

DATOS DEL CASO

Al inicio del Año 1 hay un aporte de capital en efectivo por	$ 700
Inmediatamente después se compran en efectivo mercaderías por	$ 400
Durante el Año 1 no se hace ninguna otra operación	
El costo de reposición de las mercaderías al cierre del Año 1 es de	$ 610
La inflación del Año 1 fue de 20%	
Al inicio del Año 2 se vende al contado toda la mercadería a	$ 850

BALANCE AL CIERRE DEL AÑO 1

	SISTEMAS / $					
	1	2	3	4	5	6
Caja	300	300	300	300	300	300
Mercadería	400	480	610	610	610	610
	700	780	910	910	910	910
Capital	700	840	700	840	910	970
Ganancia (pérdida):						
Pérdida monetaria	-	(60)	-	(60)	-	(60)
Ganancia por tenencia	-	-	210	130	-	-
	-	(60)	210	70	-	(60)
	700	780	910	910	910	910

RESULTADO AL INICIO DEL AÑO 2

	SISTEMAS / $					
	1	2	3	4	5	6
Ventas	850	850	850	850	850	850
Costo de ventas	(400)	(480)	(610)	(610)	(610)	(610)
Ganancia	450	370	240	240	240	240
Ganancia acumulada anterior	-	(60)	210	70	-	(60)
Ganancia acumulada	450	310	450	310	240	180

EXPLICACIONES DE CÁLCULOS

Columna 2 (Moneda homogénea / Costo histórico / Capital financiero)
     Mercaderías: $ 480 = $ 400 x 1,2
     Capital: $ 840 = $ 700 x 1,2
     Pérdida monetaria: $ (60) = 20% de $ 300

Columna 3 (Moneda nominal / Costo de reposición / Capital financiero)
     Ganancia por tenencia: $ 210 = $ 610 − $ 400

Columna 4 (Moneda homogénea / Costo de reposición / Capital financiero)
     Ganancia por tenencia: $ 130 = $ 610 − $ 480

Columna 5 (Moneda nominal / Costo de reposición / Capital físico)
     Capital: $ 910 = $ 700 + $ 210

Columna 6 (Moneda homogénea / Costo de reposición / Capital físico)
     Capital: $ 970 = $ 840 + $ 130

COMENTARIOS

Sobre la base del concepto de mantenimiento de capital financiero, tanto con costo histórico como con costo de reposición, una vez convertidos los activos no monetarios en caja, la diferencia final entre moneda nominal y moneda homogénea es que con ésta el ajuste del capital ($ 140 = 20% de $ 700) se suma al capital (lo eleva a $ 840) y lo resta de la ganancia (la reduce de $ 450 a $ 310). Al respecto, ver las columnas 2 y 4. Este efecto final lo tratamos en el Capítulo 12.

Con base en el concepto de mantenimiento de capital financiero, la ganancia acumulada bajo el costo histórico es igual a la ganancia acumulada bajo el costo de reposición, por una parte en moneda nominal y por otra parte en moneda homogénea. Esto es así porque la ganancia por tenencia basada en el revalúo al costo de reposición luego se compensa con el aumento del costo de ventas, dando lugar al mismo resultado que se determina todo junto al momento de la venta, cuando se aplica el costo histórico. Al respecto compárense por un lado las columnas 1 y 3 (ambas culminan en $ 450) y las columnas 2 y 4 (ambas culminan en $ 310). Tal igualdad significa que la alternativa acerca del criterio de medición de los activos no monetarios entraña una mera cuestión de distribución de resultados entre ejercicios, y no una cuestión acerca de qué es ganancia, que atañe al concepto de mantenimiento de capital.

Dada la medición de los activos no monetarios al costo de reposición, el total de los activos es igual en las columnas 3, 4, 5 y 6. Esto es así porque no hay diferencia entre moneda nominal y moneda homogénea (no corresponde ajuste por inflación), y la distinción en cuanto al concepto de mantenimiento de capital es solo una cuestión de imputación de la contrapartida del revalúo a costo de reposición, que comentamos en el párrafo siguiente. El margen de ganancia ocasionado por la venta es igual en las columnas 3, 4, 5 y 6 porque el costo de ventas se mide al costo de reposición.

Dada la aplicación del costo de reposición, la diferencia entre mantenimiento de capital financiero y mantenimiento de capital físico radica en el tratamiento del excedente del costo de reposición sobre el costo histórico. Con el primero, el revalúo se considera ganancia por tenencia que se acredita a resultados; por el contrario, con el segundo se lo considera como cobertura de capital y no se acredita a resultados. Al respecto nótese que en el caso de moneda nominal la diferencia de la ganancia acumulada entre las columnas 3 y 5 es de $ 210 ($ 450 – $ 240), y en el caso de moneda homogénea la diferencia entre las columnas 4 y 6 es de $ 130 ($ 310 – $ 180).

Nuestra opinión

Con respecto a la unidad de medida, por todo lo dicho en los capítulos anteriores, estamos a favor de emplear la moneda homogénea. Si no existen cambios significativos en el nivel general de precios, la moneda nominal cumple la función de moneda homogénea. Pero si media inflación es necesario recurrir al ajuste por inflación; o sea, convertir las cifras en moneda nominal a equivalentes en moneda homogénea.

Con relación al criterio de medición de activos no monetarios, como principio general, nos inclinamos por el valor corriente para los valores negociables y los inventarios, y por el costo histórico para el activo fijo y los intangibles. Este tema lo desarrollaremos en el Capítulo 14.

En cuanto al concepto de mantenimiento del capital, sostenemos el concepto de mantenimiento de capital financiero. Este tema lo trataremos en el Capítulo 15.

CAPÍTULO 14

CRITERIO DE MEDICIÓN DE LOS ACTIVOS NO MONETARIOS

Valor corriente o costo histórico

Desde hace muchos años, como principio general, nos manifestamos en favor del valor corriente. En un primer momento, en la década del '60, cuando predominaba plenamente la contabilidad histórica en moneda nominal, propusimos el ajuste por inflación de cara a los aumentos de precios existentes, a fin de superar la distorsión más grande que ofrecían los estados contables en aquel entonces. Pero pocos años después, cuando comenzaba la aceptación de dicho ajuste, al menos en el campo académico, dimos un paso más adelante y abogamos en favor de la denominada contabilidad del valor corriente. En la obra *El objetivo de los estados contables* (Ediciones Macchi, 1974) planteamos:

> *El objetivo de los estados contables es brindar a sus usuarios información objetiva sobre la riqueza actual de la empresa y su evolución habida durante el último período (o últimos), con la finalidad de que ellos puedan tomar debidamente las decisiones que les competen.*

Es evidente que el valor corriente responde a dicho objetivo mejor que el costo histórico. Sin embargo, la elección depende no solo de tal eficacia, sino también de la medida en que se cumple con ciertos atributos que debe tener la información contable. En este orden cabe tomar en cuenta la utilidad y la objetividad o confiabilidad de la información; y también la prudencia, un concepto que para algunos está perimido pero que nosotros valoramos, si se lo aplica con el alcance que corresponde.

En el Capítulo 13 dijimos que la expresión ideal del valor corriente de un activo no monetario es su cotización actual en el mercado, siempre y cuando ésta reúna ciertas condiciones de universalidad, frecuencia, facilidad de acceso, etc., que hagan razonable presumir su validez para reflejar la cantidad de riqueza poseída por el ente en la actualidad. Pero dicho ideal se da solo para una minoría de activos no monetarios, como las acciones que se cotizan en la bolsa, ciertos inventarios y algunos componentes del activo fijo. Entonces, para caracterizar el valor corriente del resto de los activos no monetarios se postula el costo de reposición. A continuación analizaremos en términos comparativos su aplicación general a los inventarios y al activo fijo.

Comenzaremos con el concepto de prudencia. Al respecto, en *Contabilidad e inflación* (Ediciones Macchi, 1986) decíamos:

Veamos ahora la condición de prudencia. Ella también está vinculada con el objetivo de los estados contables, que es brindar información para tomar decisiones. En general, suelen ser más perniciosas las consecuencias que se derivan de una decisión ocasionada por una sobreestimación de la riqueza que por una subestimación. Si es preciso optar entre dos criterios alternativos, teniendo ambos un buen fundamento, es razonable resolver la cuestión inclinándose por el criterio más prudente; o sea, el que resulta en una medición más baja de la riqueza.

Así interpretada es válida la condición de prudencia. Empero, no debe exagerarse su alcance en el sentido de que siempre deba optarse por el criterio de valuación más prudente. En muchos casos esto significa sacrificar un criterio "bueno" en aras de uno "malo". Y lo "bueno" o lo "malo" no dependen de la prudencia exclusivamente. Muy por el contrario, la calidad de un criterio tiene que ponderarse primordialmente en función del objetivo de los estados contables. La prudencia es un punto más a tener en cuenta que no debe atentar significativamente contra la satisfacción del objetivo propuesto.

El concepto de prudencia tiene que ver con el riesgo que implica el valor corriente al reconocer ganancias por tenencia no realizadas.

Las ganancias por tenencia pueden ser realizadas o no realizadas. Las realizadas son las originadas oportunamente por el revalúo de activos no monetarios que a la fecha del balance ya se han consumido: inventarios convertidos en costo de ventas, la porción depreciada del activo fijo, etc. Aquí el revalúo no altera en definitiva la cifra de resultados acumulados. Lo que por un lado se da como ganancia por tenencia, por otro lado se compensa con los mayores costos surgidos del revalúo y cargados a resultados.

Las ganancias por tenencia no realizadas son las ocasionadas por el revalúo de activos no monetarios que a la fecha de los estados contables todavía no han sido consumidos. En este caso, el crédito a los resultados del ejercicio no está compensado con un débito por mayores costos, por cuanto los activos en cuestión permanecen en el balance. Aun estando a favor del sistema que hemos elegido como preferible con carácter general, debe reconocerse que el crédito a los resultados del ejercicio de ganancias no realizadas entraña cierto riesgo. Este riesgo es diferente según se trate de inventarios o de activo fijo.

Las ganancias por tenencia de inventarios se realizan en función de la rotación de las existencias. Si la rotación es rápida, la proporción de ganancias no realizadas tiende a ser bastante baja. Por otra parte, la aplicación del costo de reposición a los inventarios puede hacerse en general con procedimientos suficientemente objetivos.

En cambio, es probable que las ganancias no realizadas por tenencia de activo fijo lleguen a ser muy grandes, dado el flujo más lento de sus costos a los resultados del ejercicio. Esta posibilidad hay que considerarla en conjunción con las limitaciones o dificultades comunes para revaluar el activo fijo de manera objetiva. Por ello se pone en tela de juicio la aplicación abierta del revalúo del activo fijo, acreditando libremente las ganancias por tenencia a los resultados del ejercicio.

Además de la objetividad y del riesgo consecuente, es importante tomar en cuenta la utilidad de la información. Según nuestra experiencia, el reconocimiento de los resultados por tenencia suele tener un mayor grado de utilidad con relación a los inventarios que con respecto a la mayoría de las cuentas del activo fijo. Esto es particularmente válido en países con alta inflación que sufren variaciones muy grandes y abruptas en los precios relativos. Por ejemplo, una cosa es la ganancia por tenencia de materias primas, y otra cosa muy distinta es la ganancia por tenencia de planta y equipo; sobre todo si se opera en un mercado bastante cerrado, con fuertes limitaciones de entrada y salida. Es habitual que la primera ofrezca no solo un mayor grado de objetividad, sino también un significado concreto; en tanto que la segunda, además de ser muy subjetiva, tiene connotaciones muy dudosas.

En épocas de inflación es habitual que la empresa incremente su stock de inventarios más allá de lo necesario, apostando al alza de precios, pero ello tiene el costo adicional de su financiamiento. La información sobre el resultado por tenencia, comparado con el costo financiero respectivo, representa una información relevante para evaluar el efecto de la decisión, en tanto que el costo de reposición suele ser útil para la fijación de precios de venta en el futuro inmediato. En general, tal tipo de estrategia no es aplicable al activo fijo. Además, el valor del activo fijo tiende a depender mucho más de su recuperabilidad a largo plazo a través del cargo a resultados de la depreciación, recuperabilidad que se fusiona con los demás factores económicos, incluidos los intangibles. En este orden, ¿qué relevancia tienen los resultados por tenencia de un activo fijo que en muchos casos solo puede realizarse a través de su utilización en el proceso productivo?

En nuestra opinión, tomando en cuenta los párrafos precedentes, la ecuación de "costos *vs.* beneficios" en términos generales inclina la balanza en favor del costo de reposición para los inventarios y del costo histórico para el activo fijo. Esto no quita que sea preferible medir ciertos inventarios al costo histórico y algunos elementos del activo fijo al costo de reposición.

Por las mismas razones, creemos que es preferible medir los intangibles a su costo histórico, sobre todo por la dificultad de establecer su valor corriente de manera objetiva o confiable.

Lo dicho en los párrafos precedentes puede ser tildado de incoherente. Nosotros no creemos que sea así. La contabilidad no es una ciencia: es una técnica al servicio de la administración. Por lo tanto, es clave la ecuación "costos *vs.* beneficios". Es lógico emplear el valor corriente para los inventarios si ello ofrece claramente más beneficios que costos. Pero no es razonable insistir en el mismo criterio de valuación para el activo fijo, si aquí es mucho más vidriosa la superioridad de los beneficios sobre los costos.

Determinación del valor corriente

En el capítulo precedente vimos que el valor corriente, en general, está dado por el costo de reposición, con las siguientes excepciones:

➤ Cuando es razonable aplicar un valor de cotización del mercado, menos los gastos directos de venta.

➤ Cuando el costo de reposición es superior al valor recuperable, en cuyo caso hay que reducir la medición a este valor.

En la sección siguiente trataremos la determinación del costo de reposición.

Determinación del costo de reposición

En esta sección nos referiremos particularmente al costo de reposición de los inventarios y del activo fijo. Sin embargo, los conceptos que desarrollaremos pueden llegar a ser aplicables a otros activos no monetarios.

Una aclaración: si bien más arriba dijimos que para el activo fijo en general es preferible la medición al costo histórico, creemos que vale la pena hacer un cierto análisis de la determinación del costo de reposición con respecto al activo fijo. Por otra parte, esta determinación es pertinente con relación al empleo del concepto de mantenimiento del capital físico, que trataremos en el capítulo siguiente.

El costo de reposición de un bien poseído puede tener dos acepciones distintas:

I. Una hace referencia al costo que significaría adquirir o reproducir actualmente un bien idéntico al poseído. Vale decir, el costo de reposición del bien en sí.

II. Otra se refiere al costo que significaría adquirir o reproducir actualmente la capacidad de servicio del bien poseído, lo cual no necesariamente habrá de coincidir con el costo de reposición del bien en sí. A este otro concepto lo llamaremos "costo de reemplazo" (podríamos llamarlo también "costo de sustitución").

Recurriremos a un ejemplo muy sencillo para ilustrar la distinción entre ambos conceptos. Supongamos una máquina hecha de un material especial, que tiene una vida útil determinada, que demanda ciertos gastos de mantenimiento, y que dispone de una capacidad de producción *equis* por unidad de tiempo. Esta máquina pertenece al activo y está trabajando normalmente. Sin embargo, acaba de aparecer en el mercado una máquina de menor precio, hecha de un material igualmente eficaz pero mucho más barato, diseñada con tecnología más moderna, que tiene una vida útil más larga, que demanda menos gastos de mantenimiento, y que dispone de una mayor capacidad de producción. Si la máquina poseída se negocia en el mercado, es natural que su cotización baje en función de las desventajas que ofrece en comparación con la máquina nueva. Pero, ¿qué pasa si la máquina no se negocia en el mercado y no existe cotización?

Supongamos que la única forma de reponer la máquina poseída es por medio de su reproducción; y que el costo de ésta sería muy elevado, mayor que el de la máquina nueva. En estas circunstancias, ¿qué concepto debería definir el costo de reposición a los fines de la medición: el costo de reposición del bien en sí (para el caso, su costo de reproducción) o, en cambio, el costo de reemplazo (vale decir, de la reposición de la capacidad de servicio)? Si tenemos en claro que el objetivo es aproximarse lo más posible al valor de reposición, la conclusión es obvia: debe aplicarse el costo de reemplazo, y no el de reposición del bien en sí. El primero responde más al objetivo que el segundo.

Los bienes no valen por su mera presencia: valen por el servicio que brindan. Si un bien se cotiza en un mercado que reúne ciertas condiciones mínimas, la cotización del bien habrá de tender a reflejar el valor del servicio, en comparación con otros bienes que compiten con él en el mercado. Pero, aunque se carezca de tal elemento de juicio, el procedimiento sucedáneo no debe hacer perder de vista la esencia del valor.

En ciertos casos, el costo de reemplazo concuerda aproximadamente con el costo de reposición del bien en sí. Sin embargo, en otras oportunidades, el primero se aleja significativamente del segundo. Aquí juega principalmente el avance tecnológico, y también otros factores, como ser cambios en la disponibilidad o en el precio de elementos componentes (insumos), cambios en las preferencias de la demanda, etc. Si se produce este alejamiento, el costo de reposición del bien en sí habrá de superar el costo de reemplazo (recordemos: éste es lo que costaría reponer la misma capacidad de servicio, pero por medio de un bien distinto, digamos "más adelantado"). Lo antedicho lo podemos representar con la fórmula siguiente:

COSTO DE REEMPLAZO = COSTO DE REPOSICIÓN DEL BIEN EN SÍ – "REDUCCIÓN" POR EQUIVALENCIA DE CAPACIDAD DE SERVICIO

Puede ser que la reducción no sea aplicable, o aun que siendo aplicable no tenga mayor importancia. Entonces el costo de reposición (representativo del valor corriente) está dado directamente por el costo de reposición del bien en sí. Pero, si la reducción es aplicable y además tiene efecto significativo, es preferible refinar la concepción del costo de reposición, apuntando al costo de reemplazo. Esto último implica justamente computar la reducción. Pero entonces se complica la determinación del costo de reposición. No obstante, es preferible abrir el juego a tal complicación que quedarse con una definición general demasiado simplista, que entraña un serio peligro de sobrevaluación de los activos no monetarios.

En este punto podría argumentarse lo siguiente: no es necesario tomar en cuenta dicha reducción, porque de todos modos el problema de la posible sobrevaluación está cubierto por el límite del valor recuperable. No compartimos este argumento por las razones que esbozamos a continuación:

➢ El valor recuperable debe actuar exclusivamente a título de límite del criterio primario de medición. Este criterio debe definirse claramente con independencia del límite.

➢ En muchas ocasiones, particularmente en cuanto al activo fijo, la determinación del límite resulta muy vidriosa en el terreno de los hechos, llegando algunas veces a diluirse su aplicación efectiva. De manera que la postulación del límite tiene un poder bastante relativo como "anticuerpo" de una posible sobrevaluación.

➢ Si el valor recuperable está dado por el valor de utilización económica, es factible que éste incluya un margen de ganancia atribuible al proceso de generación de ingresos tomado en conjunto. Nos referimos al margen que causaría el efecto sinergético de todos los elementos que provocarán los ingresos presupuestados (estos ingresos componen el estimado del valor de utilización económica). Y además es posible que dicho margen compense con creces la sobrevaluación del activo (ocasionada por no computarse la reducción en cuestión). En nuestra opinión, no es razonable sobrevaluar un bien determinado a cuenta del mencionado margen.

En este trabajo no pretendemos cubrir debidamente el tema de cómo debe reducirse el costo de reposición del bien en sí para llegar al costo de reemplazo (= costo de reposición = valor corriente), ni mucho menos examinar los variados y complejos problemas que ello puede traer aparejados en la práctica.

Con lo antedicho creemos haber definido el concepto de costo de reposición. No obstante, existen diversas alternativas en cuanto al método específico a seguir para determinar el costo de reposición de un bien o de un conjunto de bienes. En este aspecto es conveniente diferenciar cuatro tipos distintos de alternativas:

I. En cuanto a la hipótesis de reposición:
    A. Compra del bien a un tercero.
    B. Reproducción del bien (fabricación, construcción, etc., por la propia empresa).

    En ciertas ocasiones cabe plantear ambas hipótesis; entonces habrá que optar por aquella que más refleje la realidad económica. En otras ocasiones solo una de las dos hipótesis es viable; en este caso la opción está resuelta de hecho.

    El cálculo de reproducción entraña el armado del costo total con una problemática similar a la de un costo histórico de producción. La diferencia estriba en la fecha del precio de los insumos.

II. En cuanto a la fuente de la información respecto de los nuevos precios a aplicar:
    A. Valuación "directa" del bien o conjunto de bienes sobre la base de cotizaciones, listas de precios, comprobantes de compras recientes, etc. En la hipótesis de reproducción del bien, indicada precedentemente en I.B, la valuación directa es aplicable total o parcialmente a los elementos del costo (insumos).
    B. "Indexación". Empleo de índices de variación en los precios específicos de cierto tipo de bienes y servicios. Los índices, a su vez, pueden ser suministrados por entidades públicas o privadas ajenas a la empresa, o bien ser desarrollados por la propia organización. La indexación también es aplicable total o parcialmente a los elementos del costo.
    C. Valuación "unitaria". El activo en cuestión, o sus partes por separado, se asimilan a una cantidad determinada de unidades homogéneas (por ejemplo, metros cuadrados para el caso de un inmueble). Entonces se multiplica la cotización de la "unidad" por la cantidad pertinente.

En general, la valuación directa constituye una evidencia más categórica del valor buscado. Sin embargo, el empleo de índices específicos puede ser aceptable, en ocasiones por sus ventajas prácticas respecto de una valuación directa demasiado costosa; o sencillamente porque ésta es inaplicable. Pero se debe tener cuidado de no aplicar índices mecánicamente, sin ponderar en qué medida responden a la verdadera evolución del valor de los bienes objeto de valuación.

III. Con relación al activo fijo:
A. Valuar directamente el bien en su estado actual (usado).
B. Valuar primero el bien "a nuevo", y luego computar el efecto de la depreciación.
Si se dispone de valuación directa satisfactoria respecto del bien usado, A es en general preferible a B. Porque A evita los problemas que ocasiona la revisión de las pautas de depreciación, con toda la subjetividad que ello implica. Pero muchas veces A es imposible o discutible. Entonces es necesario o conveniente valuar primero el bien "a nuevo" y luego computar el efecto de la depreciación. Este cómputo puede implicar una modificación de la vida útil asignada o del método de depreciación adoptado.

IV. En cuanto al nivel de desagregación de los elementos a valuar, suelen presentarse algunas alternativas adicionales. Por ejemplo, una planta puede tasarse en función de sus grandes elementos componentes, o bien ítem por ítem. Aquí la elección dependerá de las circunstancias. En cierta medida, una alternativa de este tipo se solapa con la posibilidad de emplear valuación unitaria (indicada en II.C).

En el caso de valuación directa de un activo fijo usado no es necesario tomar en cuenta la reducción referida más arriba, correspondiente a la posible diferencia entre el costo de reposición del bien en sí y el costo de reemplazo (o sea, el costo de reposición de la capacidad de servicio). Sin embargo, si no se dispone de valuación directa para el bien en sí, puede recurrirse a la valuación directa de un activo similar, pero de distinta capacidad de servicio. En este caso sí corresponde tomar en cuenta la reducción mencionada.

Por otra parte, existe otro tipo de alternativa referente al sujeto que realiza la valuación: puede llevarla a cabo el propio personal de la empresa o puede recurrirse a los servicios de un perito tasador externo. En cualquiera de las dos posibilidades caben las alternativas señaladas en I a IV referentes al método específico de medición.

En algunos textos se habla de la "tasación", en referencia a la valuación hecha por un perito, como un procedimiento alternativo a la valuación directa o a la indexación. Este es un error de taxonomía. La participación de un perito atañe a una dimensión distinta. Se ha confundido el "quién" con el "cómo". Al perito se le presentan las mismas opciones en cuanto a valuación directa *vs.* indexación, etc. Es cierto, sí, que la presencia del perito enriquece las opciones con respecto a la metodología, porque algunas de las opciones solo pueden ser ejercidas propiamente si se cuenta con la pericia necesaria.

En los párrafos anteriores hemos echado un vistazo al empleo del costo de reposición para los inventarios y el activo fijo en general (excepto que la alternativa metodológica indicada en III es aplicable exclusivamente al activo fijo). Un examen más profundo del tema requiere un proceso de análisis que tome en consideración las peculiaridades de:

➤ Las distintas cuentas que componen los inventarios (materias primas, productos en proceso, productos terminados, etc.) y el activo fijo (terrenos, inmuebles, maquinaria y equipo, etc.).
➤ Las distintas características que tienen dichas cuentas en función del ramo de actividad.

Un análisis de tal naturaleza iría mucho más allá del alcance que nos hemos propuesto para esta obra. Solo agregaremos que la problemática del costo de reposición es, en general, bastante más compleja para el activo fijo que para los inventarios. No es nada extraordinario desarrollar un buen sistema de costos orientado a valuar las existencias y los consumos de inventarios a sus costos de reposición. En cambio, tiende a ser más complicada la instrumentación de un régimen de revaluación permanente del activo fijo. Conforme señalamos más arriba, este suele ser uno de los motivos por los cuales es preferible emplear el costo histórico para medir el activo fijo.

CAPÍTULO 15

CONCEPTO DE MANTENIMIENTO DE CAPITAL

En esta sección haremos un examen comparativo de los conceptos de mantenimiento de capital financiero y de capital físico, que planteamos en el Capítulo 13, con el propósito de fundamentar nuestra elección. Para abreviar la exposición emplearemos las denominaciones CMC Financiero y CMC Físico, respectivamente. Con la finalidad de facilitar la comprensión del tema, comenzamos por plantear un sencillo caso hipotético.

Caso hipotético

I. DATOS
    1. Se trata de dos empresas distintas, A y B, que inician sus operaciones en la misma fecha, ambas con igual capital: $ 1.000 cada una.
    2. El capital de las dos empresas se integra por completo con inventarios compuestos respectivamente por un producto (que lleva el nombre de la empresa) de la siguiente forma:
        – Producto A – 100 unidades de $ 10 c/u.
        – Producto B – 50 unidades de $ 20 c/u.
    3. En un mismo momento posterior, A y B venden al contado la totalidad de sus inventarios:
        – A en $ 1.430.
        – B en $ 1.260.
    4. En dicho momento el costo de reposición de los productos es el siguiente:
        – A - $ 15 (incremento de 50% respecto del valor original de $ 10).
        – B - $ 21 (incremento de 5% respecto del valor original de $ 20).

5. El incremento en el nivel general de precios durante el período comprendido entre el momento de la inversión de capital (indicado en 1 y 2) y el de la venta (señalado en 3 y 4) es de 30%.

II. **ESTADOS CONTABLES** (inmediatamente después de la venta de los inventarios)

	\$			
	CMC Financiero		CMC Físico	
	Producto A	Producto B	Producto A	Producto B
ESTADO DE RESULTADOS				
Ventas	1.430	1.260	1.430	1.260
Costo (de reposición) de ventas	(1.500)	(1.050)	(1.500)	(1.050)
Margen operativo	(70)	210	(70)	210
Ganancia (pérdida) por tenencia -				
Costo de reposición	1.500	1.050		
Costo histórico ajustado por inflación	(1.300)	(1.300)	-	-
	200	(250)		
Ganancia (pérdida) neta	130	(40)	(70)	210
BALANCE GENERAL				
Disponibilidades	1.430	1.260	1.430	1.260
Capital	1.300	1.300	1.500	1.050
Ganancia (pérdida)	130	(40)	(70)	210
	1.430	1.260	1.430	1.260

En el caso hipotético puede observarse lo siguiente:

➤ Conforme al CMC Financiero, A es más rentable que B.
➤ Conforme al CMC Físico, B es más rentable que A.

De acuerdo con lo explicado en el capítulo anterior, la diferencia radica concretamente en el tratamiento del resultado por tenencia: se imputa a resultados según el CMC Financiero; forma parte del ajuste o reserva de capital según el CMC Físico.

El resultado por tenencia refleja lo que podemos denominar la variación en los precios relativos. En el caso, la evolución del producto A ha estado "por arriba": incremento (50%) superior al del nivel general de precios (30%) y mucho mayor que el del producto B (5%). Por el contrario, la evolución del producto B ha estado "por debajo": incremento inferior al del nivel general de precios y mucho menor que el del producto A.

El CMC Físico, para ponderar la rentabilidad, presta atención únicamente al margen operativo, que corresponde al flujo de fondos positivo por encima de las necesidades de reposición del capital físico. Se desinteresa de la mencionada evolución en los precios relativos. En cambio, el CMC Financiero, además de contabilizar el margen operativo, incluye en el estado de resultados las consecuencias patrimoniales de dicha evolución.

Para el CMC Financiero existe una correlación absoluta entre la valuación patrimonial y la medición del resultado. En el caso, la diferencia de $ 170 de rentabilidad entre A y B ($ 130 de ganancia y $ 40 de pérdida, respectivamente) tiene un paralelo total con la diferencia en la valuación de la riqueza ($ 1.430 y $ 1.260, respectivamente). Por el contrario, el CMC Físico sostiene que A, a pesar de su mayor riqueza, es menos rentable que B. Para este concepto lo importante es que A con los $ 1.430 no alcanza a reponer las 100 unidades que compusieron su inversión inicial. En tanto que B, si bien tiene menos dinero, con lo suyo es capaz de reponer las 50 unidades de su inversión inicial; y además distribuir un excedente de $ 210.

Si el proceso comparativo se repitiese *ad infinitum* con las mismas características, el CMC Físico mantendría su punto de vista: B seguiría siendo más rentable que A porque conservaría intacto su capital físico, amén de generar fondos adicionales; cosa que no haría A. No obstante, si en cualquier momento B quisiera liquidar sus inventarios, para invertir en otro producto o para devolver el capital a sus dueños, se presentaría la situación siguiente. Debido a la caída en el precio relativo de su producto, liquidando sus existencias B tendría mucho menos poder adquisitivo que si hubiese invertido en el producto A. Incluso tendría menos poder adquisitivo aunque hubiese reinvertido en la empresa todas las ganancias determinadas según el CMC Físico (excepto que los fondos sobrantes se hubiesen colocado en una inversión distinta cuya renta superase la desventaja del producto B en comparación con el producto A).

Veamos la misma idea, pero desde otro ángulo. Supongamos que B distribuye los $ 210 de su ganancia, según el CMC Físico, y con el remanente de $ 1.050 repone las 50 unidades de su inversión inicial. En tanto A, para no ser menos, también entrega a sus accionistas $ 210 como distribución de utilidades o como reintegro de capital. Luego A, con los $ 1.220 que le quedan ($ 1.430 menos $ 210), compra 81 unidades y fracción de su producto habitual. Un defensor del CMC Físico se regocijaría señalando que A tiene ahora menos unidades que antes. Un postulante del CMC Financiero destacaría que, de todos modos, 81 unidades del producto A valen más que 100 unidades del producto B.

Hemos recurrido al caso hipotético para facilitar el entendimiento de una observación muy importante que es válida con carácter general: en sustancia, el CMC Físico no utiliza el dinero como unidad de medida para valuar el capital y, en consecuencia, para medir la base de la ganancia, sino que se retrotrae a los propios bienes con que opera la empresa. Digamos metafóricamente que la azucarera lo mide en bolsas de azúcar, la petrolera en barriles de petróleo, etc. Y el resultado es válido siempre y cuando se siga pensando en bolsas de azúcar, o en barriles de petróleo, etc. Lo cual significa, lisa y llanamente, un "circuito cerrado". Esta característica constituye una seria limitación del CMC Físico en cuanto a su capacidad para comparar resultados entre distintas empresas o entre distintas actividades dentro de una misma compañía.

Análisis de ambos conceptos

El CMC Físico parte de la hipótesis de que la empresa repone los mismos bienes. Si se modifica esta hipótesis, el modelo pierde coherencia interna. Porque basta que cambie la composición del capital físico para que las variaciones en los precios relativos tengan un efecto financiero concreto.

Sin embargo, el CMC Físico puede plantearse con un esquema más abierto, apuntando siempre a la reposición. Más adelante volveremos sobre este punto. En tanto, para continuar con nuestro análisis, es conveniente que consideremos los ciclos de la empresa. Podemos decir que un ciclo (1) comienza con un aporte de capital en dinero; (2) que se invierte en ciertos insumos (bienes físicos, servicios, etc.); (3) que dan lugar a determinados productos que se brindan a los clientes (incluyendo los servicios prestados dentro del concepto amplio de producto), y (4) lo cual a su vez tarde o temprano genera dinero.

En una empresa en marcha, donde en principio descartamos la devolución del capital aportado a sus dueños, el dinero generado puede tener fundamentalmente dos destinos: (a) la distribución de la ganancia a favor de quienes aportaron el capital, o (b) la inversión en ciertos insumos, con lo cual se repite el ciclo indicado. Y así sucesivamente. Este proceso lo representaremos gráficamente así:

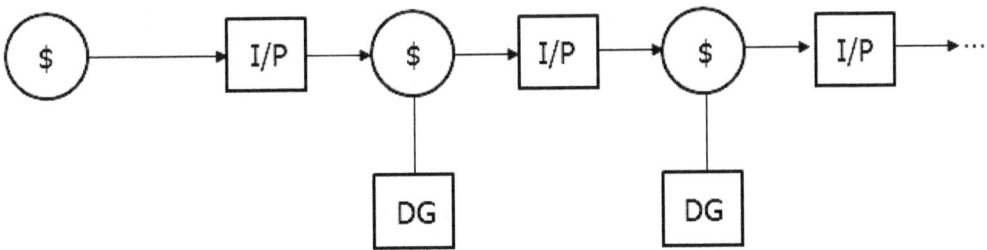

En donde:

➤ I/P es el proceso que comprende insumos y productos indicado en (2) y (3).
➤ DG representa la distribución de la ganancia.

Dicho proceso continuo se puede segmentar convencionalmente con dos perspectivas distintas.

Una perspectiva:

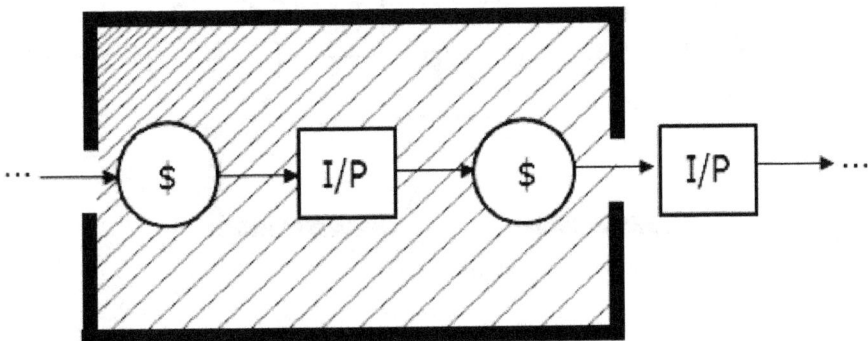

Otra perspectiva:

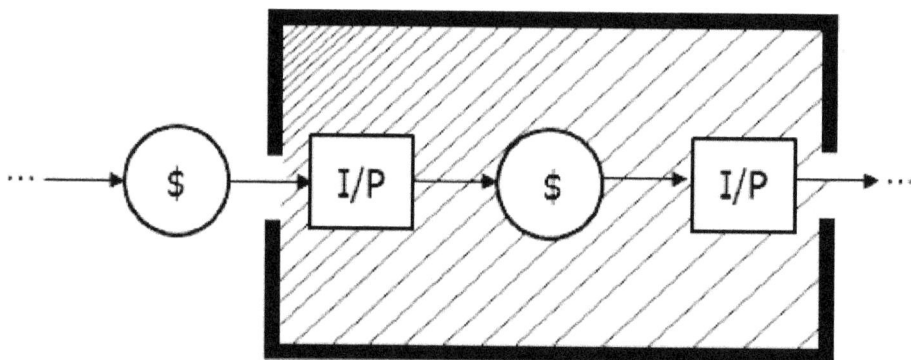

Ahora bien, el CMC Financiero coincide con la primera perspectiva; en tanto que el CMC Físico responde a la segunda. Veamos cómo.

Para el CMC Financiero, el dinero está al principio y al final de cada ciclo recurrente, y la ganancia, en última instancia, corresponde al excedente del "dinero al final" sobre el "dinero al principio". Esto con independencia de los insumos y productos que hayan mediado entretanto. Lo antedicho lo podemos representar gráficamente así:

CMC Financiero

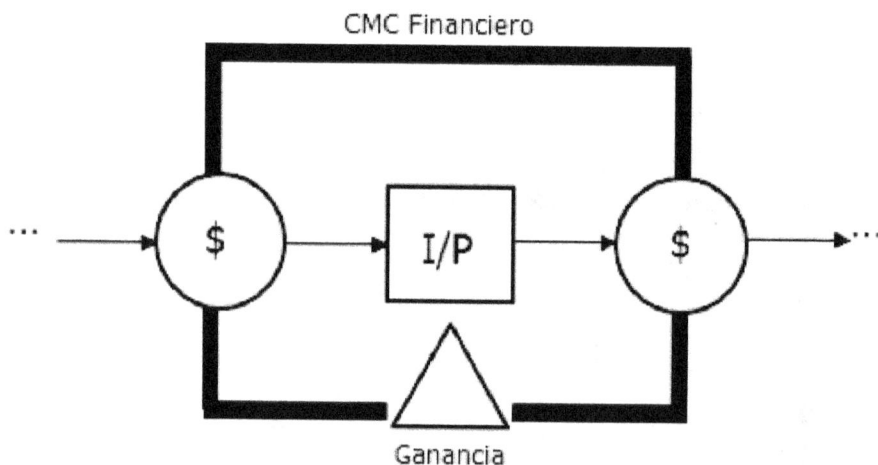

Ganancia

En todo caso, si entre la fecha del "dinero al principio" y la fecha del "dinero al final" el signo monetario ha perdido poder adquisitivo, cabe aplicar el ajuste por inflación para hacer el cómputo en moneda homogénea. Pero, de todos modos, la cuenta que determina la ganancia radica finalmente en comparar dinero invertido con dinero obtenido.

Es cierto que la problemática contable comprende muchas más cosas que el reconocimiento del dinero invertido y del dinero obtenido. Tal problemática puede oscurecer la visión de las dos puntas del ciclo financiero y su relación con el concepto de ganancia. La medición de activos y pasivos, con su compleja gama de alternativas, tiene una influencia directa en los resultados del ejercicio. Pero, dado un determinado concepto de mantenimiento de capital –ya sea financiero o físico–, cualquier alternativa en cuanto a la medición de activos y pasivos representa una variable transitoria en la determinación del resultado. Tarde o temprano todo activo habrá de convertirse en dinero (o en nada) y todo pasivo habrá de consumir dinero (si no lo condonan). Este fenómeno ya lo destacamos en el Capítulo 13.

El CMC Físico, por su parte, no presta tanta atención a las dos puntas del ciclo financiero; más bien privilegia la consideración de los insumos específicos de la empresa, preocupándose por su debida reposición. Sobre esta base, pone énfasis en la determinación de una ganancia que sea distribuible sin perjudicar esa reposición. Esto lo podemos exponer de la siguiente forma:

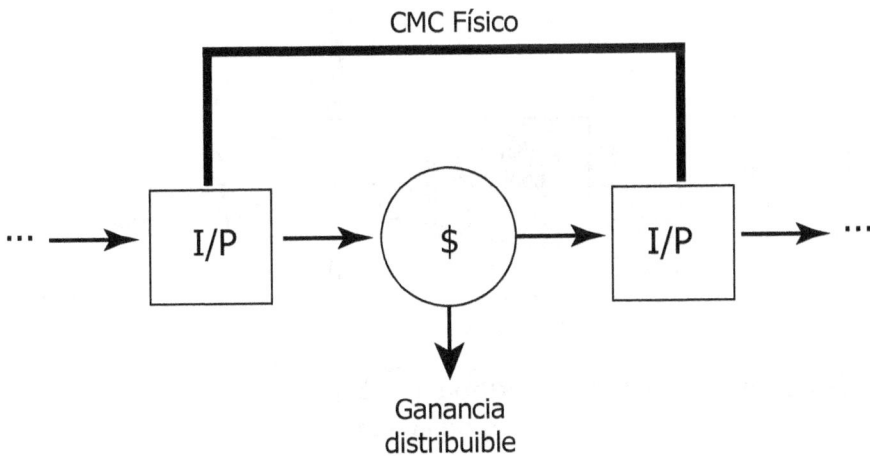

CMC Físico

$$\cdots \rightarrow \boxed{\text{I/P}} \rightarrow \bigcirc\!\!\!\!\$\ \rightarrow \boxed{\text{I/P}} \rightarrow \cdots$$

Ganancia
distribuible

El CMC Físico hace incidir la reposición futura de los insumos en la determinación de la ganancia actual. El CMC Financiero, en cambio, independiza una cosa de la otra. No es que desconozca la importancia de la reposición, sino que simplemente la ubica en otra instancia, en otro plano.

Rol del estado de resultados

Para el CMC Financiero ganancia es todo incremento genuino de riqueza ajena a un nuevo aporte de capital. Y el estado de resultados debe reflejar la totalidad de la ganancia así definida, con independencia de si ésta es efectivamente distribuible o debe ser reinvertida en la empresa. Tal concepto limita el rol del estado de resultados a una rendición de cuentas o algo por el estilo. No pretende en absoluto avanzar sobre el destino de la ganancia (reinversión o distribución). Este destino atañe a una opción ulterior que habrá de estar imbricada con todas las decisiones futuras en materia de origen y aplicación de fondos; decisiones que dependen no solo del costo de reposición de los insumos, sino también de muchos otros factores económicos y financieros. Lo antedicho puede representarse gráficamente de la siguiente manera:

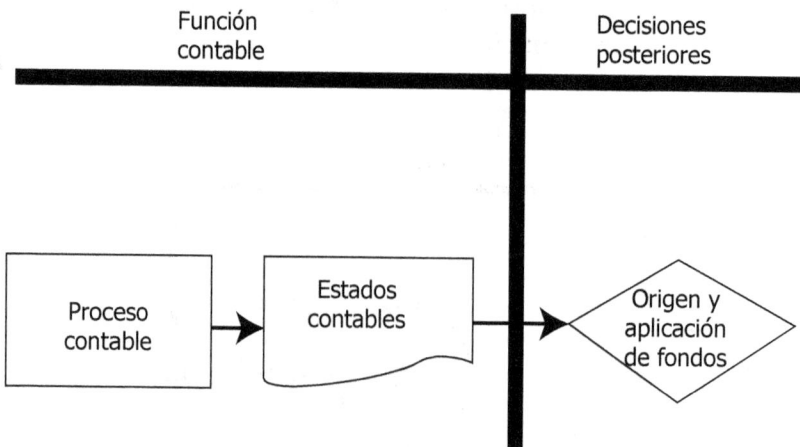

Decíamos que el CMC Físico adopta por hipótesis cierta reposición futura para que juegue en la determinación de la ganancia actual. En mayor o menor grado, introduce en la función contable un elemento que en el cuadro precedente aparece como una "decisión posterior". El CMC Físico pretende que la función contable avance por sobre la decisión misma. Esta pretensión tropieza con diversas dificultades que examinaremos a continuación.

Problemas del concepto de mantenimiento del capital físico

En ciertas ocasiones cambia el ramo del negocio. ¿Cuál es entonces el capital físico a mantener? Esta pregunta no tiene respuesta satisfactoria, ni siquiera en el plano puramente teórico. Ello significa que el CMC Físico constituye, en el mejor de los casos, un modelo limitado.

Aunque no cambie el ramo del negocio, la próxima inversión puede que tenga poco que ver con los bienes actuales. Por ejemplo, una empresa constructora que hace grandes obras por encargo, cada una bastante diferente de la anterior. Para este tipo de situación es dable repetir la pregunta y las observaciones que hicimos en el apartado precedente.

Puede argumentarse que los dos párrafos inmediatos anteriores corresponden a circunstancias más bien extremas o no habituales; que una empresa tiende a mantenerse en su negocio habitual; que, en general, ella repone sus bienes actuales. Pero, aun aceptando este supuesto, no debemos olvidar que en muchos casos no se repone exactamente el mismo bien, ni tampoco la misma capacidad de servicio. Esta dinámica comprende las modificaciones habituales en los modelos, las altas y las bajas de producto dentro de una misma línea de negocios, los cambios estructurales por necesidades de economía de escala, etc. En consecuencia, *el costo de reposición de los bienes actuales no necesariamente es representativo de las necesidades financieras que preocupan al CMC Físico.*

El texto destacado del párrafo precedente representa un punto neurálgico en la evaluación del CMC Físico. Para analizar debidamente sus implicancias es necesario afinar la definición de "capital físico" a mantener.

La definición puede circunscribirse al capital físico actual. Dentro de este marco existen a su vez dos posibilidades:

➤ Enfocar simplemente la reposición de bienes idénticos a los poseídos actualmente; o sea, la reposición del bien en sí.
➤ Cubrir la reposición de la capacidad de servicio de los bienes actuales, lo cual no necesariamente significa reponer idénticos bienes.

Esta disyuntiva es equivalente a la que planteamos en el capítulo precedente en cuanto a la definición de costo de reposición a los fines de valuar los activos no monetarios. Si lo que se pretende es mantener el capital físico en sí, entonces se está suponiendo un capital físico constante. La alternativa es intentar una definición más abierta que, quiérase o no, entraña la idea de cubrir la reposición futura de un capital físico dinámico.

Con independencia de la validez de tal definición, aquí corresponde una aclaración terminológica. Si lo que se quiere es mantener "algo", y para ello se requiere un capital físico dinámico, es obvio que ese "algo" no es exactamente el propio capital físico. Será la capacidad operativa, será la capacidad rentable, o alguna otra cosa para la cual el capital físico es uno de los medios. Por lo tanto, sería más coherente hablar de "mantenimiento de capital operativo" o "económico", o "capacidad operativa" o "económica", o algo por el estilo. Precisamente algunos textos han usado este tipo de terminología en el sentido que estamos planteando. También se ha utilizado la expresión "mantenimiento de la capacidad productiva". Ello puede hacerse con un alcance restringido, como sinónimo de capital físico; o bien con un sentido lato, equivalente a capital operativo o económico.

Hechas las aclaraciones precedentes, vayamos al *quid* de la cuestión: cuál es el alcance concreto del CMC Físico. Y aquí, en nuestra opinión, el CMC Físico se enfrenta con un dilema insoluble. Tiene dos caminos y ninguno de los dos es satisfactorio.

Un camino es circunscribir el modelo al mantenimiento del capital físico actual; es decir, a la reposición de los bienes actuales (ya sean los bienes en sí o su capacidad de servicio). Pero con esta solución simplista se aleja del objetivo planteado ambiciosamente: cubrir la reposición futura, declarar como ganancia solo aquella que sea distribuible. Por otra parte, ¿qué sentido tiene en el mundo moderno mantener el capital físico actual? La continuidad en términos físicos puede llevar al desastre en términos económicos. Y, en última instancia, esto es lo que interesa realmente.

El otro camino es tratar de satisfacer el objetivo a ultranza. Decíamos que éste consistía en cubrir la reposición futura; declarar como ganancia solo aquella que sea distribuible. Mas tal fidelidad al objetivo deriva en una ambigüedad fenomenal. Porque, si se va más allá del consumo del bien actual (el bien en sí o su capacidad de servicio), ¿dónde se fija el corte entre lo que es cargable y lo que no es cargable a los resultados del ejercicio? ¿Qué porción de la inversión futura es gasto del ejercicio actual? Pueden darse respuestas muy diversas a estas preguntas. Pero nos animamos a vaticinar que cualquiera de ellas involucra encaminar la determinación del resultado por senderos demasiado subjetivos. Es oscurecer la medición de lo ocurrido en aras de meras especulaciones. Es pretender demasiado de la contabilidad. Es hacerla innecesariamente compleja.

A todo lo antedicho cabe agregar la consideración de un factor adicional: la estructura financiera y su efecto económico, debido al costo del dinero. Imaginemos condiciones de lo más fáciles para emplear el CMC Físico: no se vislumbra en absoluto un cambio en el ramo de actividad, se tiene una rentabilidad satisfactoria, el negocio funciona bien reponiendo los mismos bienes, no existen problemas de economía de escala, etc. Incorporemos un dato adicional: la empresa tiene un endeudamiento elevado. Sin embargo, el endeudamiento hasta el presente no ha sido gravoso porque el costo del dinero viene siendo barato. Pero supongamos que ahora se eleva sustancialmente el costo del dinero. Frente a esta "novedad", es muy probable que la ganancia presuntamente distribuible según el CMC Físico no sea tan distribuible como parecía, ni mucho menos. Porque, dado el nuevo costo del dinero, mantener el mismo nivel de endeudamiento habrá de ser desastroso.

Con lo antedicho buscamos aportar un elemento de juicio adicional en favor de una opinión que nos parece irrefutable: es utópico, y además confuso, pretender que el estado de resultados se oriente a la determinación de una ganancia distribuible. Es mucho más sano que se limite a reconocer las variaciones ocurridas en el patrimonio, con independencia de su destino ulterior. Y creemos haber demostrado que tal reconocimiento solo puede lograrse con un mínimo de objetividad sobre la base del CMC Financiero.

Tratamiento de los resultados por tenencia

Hemos señalado que, si el CMC Financiero se aplica en el marco de la contabilidad del valor corriente, la diferencia fundamental con el CMC Físico radica en el tratamiento de los resultados por tenencia. Según el CMC Financiero, constituyen una partida del estado de resultados. Según el CMC Físico, no son un resultado: son un ajuste o una reserva de capital.

Si se trata de ganancias por tenencia, el CMC Físico hace especial hincapié en no incluirlas en el estado de resultados, pues no son distribuibles conforme a su enfoque del tema. Cuidado: el CMC Financiero no dice que sean distribuibles. Lo único que dice es que son ganancias. Para el CMC Financiero la decisión de si son o no distribuibles es algo a resolver *a posteriori*, lo cual es independiente de la condición de ganancia. Precisamente el argumento del CMC Financiero es que proporciona una adecuada exposición del resultado por tenencia dentro del estado de resultados, y que así se brinda toda la información necesaria para tomar la decisión conveniente en materia de distribución. Si, por ejemplo, existen ganancias por tenencia por activos no monetarios que se planea reponer, es evidente que tales ganancias deben retenerse en el negocio, si es que una sana política financiera aconseja cubrir la reposición con fondos propios.

El CMC Físico, a su vez, argumenta que la exposición de la ganancia por tenencia es más lo que entorpece que lo que ayuda. Que tiende a confundir al lector de los estados contables. Que es preferible excluirla del monto distribuible, evitando así mayores riesgos.

Nosotros opinamos que, en general, la inclusión en el estado de resultados por tenencia representa una información ventajosa. Al decir esto estamos pensando no solo en la situación de ganancias por tenencia, sino también en la de pérdidas por tenencia. En ambas situaciones la información sobre los resultados por tenencia indica la evolución de los precios relativos de los insumos. Y esta información es importante. Admitimos que el crédito a resultados de las ganancias por tenencia plantea cierto peligro. Pero creemos que el peligro no medra básicamente en la zona que preocupa al CMC Físico –la cobertura financiera de la reposición–. El peligro radica principalmente en la imprecisión o volatilidad de ciertos valores corrientes, particularmente en el área del activo fijo. Este problema atañe a la cuestión segunda sobre los criterios de medición de los activos no monetarios (y de distribución de resultados entre ejercicios), y no a la cuestión tercera sobre el concepto de mantenimiento de capital (y de definición de la ganancia independiente del corte entre ejercicios). Este punto lo tratamos en el capítulo precedente.

Por lo que hemos visto, dentro del CMC Físico podemos distinguir dos facetas:

> ➤ Una es el modelo general, que hemos examinado en la primera parte de esta sección, y que es aplicable, al menos en principio, tanto

a la hipótesis de ganancias por tenencia como a la de pérdidas por tenencia.

➤ La otra es el enfoque más específico que se preocupa particularmente por el caso de ganancias por tenencia en cuanto a su presunto carácter irreal o no distribuible.

Este último enfoque puede ir acompañado del supuesto siguiente: por lo común, los incrementos en los precios específicos de los insumos superan la tasa de inflación (vale decir que los costos de reposición son mayores que los costos históricos ajustados por inflación y que hay más ganancias que pérdidas por tenencia). Por lo tanto, el CMC Físico sería habitualmente más conservador que el CMC Financiero. Este supuesto es discutible, particularmente con relación a las industrias que están en la avanzada tecnológica. De todos modos, la factibilidad de que ocurra lo contrario, que el CMC Físico sea menos conservador que el CMC Financiero, requiere un análisis adicional.

La ignorancia de las pérdidas por tenencia, y su posible efecto en la distribución de utilidades, son potencialmente tan alarmantes como la contabilización y eventual distribución de ganancias por tenencia. Las pérdidas por tenencia implican una disminución en los precios relativos de los insumos. Si bien esta disminución puede significar actualmente un efecto favorable en el margen operativo, entraña una doble amenaza:

➤ Si se continúa con la misma actividad, en el futuro puede ocurrir una reversión en materia de precios relativos. Así como ayer la variación en los precios específicos estaba por debajo de la tasa de inflación, mañana puede invertirse la situación. Y entonces estará por verse cómo los mayores costos son trasladables a los precios de venta, a un ritmo superior a la tasa de inflación.

➤ Por otra parte, si en el futuro se discontinúa la actividad, y se decide invertir en otra clase de insumos, el cambio habrá de poner de relieve la descapitalización que en términos de poder adquisitivo general significan las pérdidas por tenencia.

En atención a lo señalado en el párrafo anterior, es preciso admitir que la contabilización de las pérdidas por tenencia brinda una información verdaderamente útil para el análisis de la rentabilidad actual y futura de la empresa. En línea con esta idea, ciertos defensores del CMC Físico han propugnado un modelo mixto. Según este modelo, el capital invertido es ajustable en función del incremento en el precio específico de los insumos o de la tasa de inflación, lo que sea mayor. Vale decir, habrá que emplear el CMC Físico solo si es más conservador que el CMC Financiero. Esto se orienta a reconocer las pérdidas por tenencia, pero no las ganancias por tenencia.

Dicho modelo es incoherente en sí mismo. Además, ¿cuál es la unidad de tiempo a computar para que una pérdida por tenencia sea "congelada" como tal, en lugar de considerarse una baja transitoria en los precios a compensar con un alta transitoria? No encontramos respuesta adecuada a esta pregunta. A nuestro entender, la falta de respuesta es una manifestación de la incoherencia del modelo.

Otro aspecto a tener en cuenta con referencia a los resultados por tenencia es el caso de las inversiones en valores negociables. Al momento de la venta, el ingreso es habitualmente igual o ligeramente menor que el costo corriente. De manera que la venta en sí no ocasiona ganancia. Todo el beneficio está en la ganancia por tenencia. Pero para el CMC Físico ésta no es ganancia. Ergo, según el CMC Físico los inversores en valores negociables no ganan nunca. ¡Esto es un absurdo!

El planteo hecho respecto de los valores negociables es extensible a cualquier otro tipo de inversión donde no pueda identificarse claramente la ganancia ocasionada por la venta en sí (o su equivalente). Por ejemplo, cualquier inversión de tipo especulativo.

Conclusión

En virtud de todo lo dicho en este capítulo, estamos ya en condiciones de concluir nuestra opinión: el CMC Financiero es superior al CMC Físico. Pero repetimos lo aclarado más arriba: ello no implica desconocer la importancia de la reposición del capital físico, sino simplemente ubicar ésta en una instancia decisoria posterior al rol contable.

ACERCA DEL AUTOR

CURRICULUM VITAE DE SANTIAGO C. LAZZATI
santiago@lazzati.com.ar

- Director Asociado de la firma Deloitte. Socio Director de Lazzati – Consultores y Formadores. Miembro externo del Comité de Auditoría de la Corte Penal Internacional, sita en La Haya, Holanda.

- Contador Público Nacional, egresado de la Universidad de Buenos Aires. Especialista en temas de management y comportamiento humano. Autor de diecisiete libros de administración de empresas.

- Director de la carrera de Licenciatura en Administración de la Escuela de Economía y Negocios de la Universidad Nacional de San Martín. Profesor emérito de la Facultad de Ciencias Económicas de la Universidad Católica Argentina. Profesor invitado de otras universidades e instituciones de posgrado.

- Experto reconocido mundialmente en el tema contabilidad e inflación. Autor del libro *Inflación y contabilidad gerencial* (coautor: Jorge Ponte – Ediciones Macchi, Buenos Aires, 1987). Ha conducido seminarios y conferencias sobre el tema en los siguientes países:

  - Brasil
  - Chile
  - Colombia
  - Ecuador
  - México
  - Perú
  - Uruguay
  - Venezuela
  - Estados Unidos de América
  - Alemania
  - Bélgica
  - España
  - Francia
  - Inglaterra
  - Italia
  - Portugal
  - Suecia
  - Suiza
  - Turquía

www.ingramcontent.com/pod-product-compliance
Lightning Source LLC
Chambersburg PA
CBHW051208200326

41519CB00025B/7046